斎藤一人
だれでも歩けるついてる人生

千葉純一
Chiba Jyunichi

KKロングセラーズ

はじめに
一人さんに憧れて

こんにちは。千葉純一です。

早いもので、私が一人さんと出会ってからもう二十数年になります。

一人さんというのは、もちろん、みなさんご存じの納税金額日本一の大金持ち、『銀座まるかん（創業当時は銀座日本漢方研究所）』の社長、斎藤一人さんです。

二十数年前、私は、映画『アメリカン・ジゴロ』を見て、リチャード・ギア扮するジゴロに一発でまいってしまいました。ジョルジオ・アルマーニのスーツでバシッと決めて、カッコいい車に乗り、きれいなおねえちゃんと仲良くなる……。自分も、あなりたい、と思いました。単純なヤツです。でも、男なんて、みんなそんなものでしょ。

私が「みんな」と違ったのは、「絶対そうなれる」と思い込んでしまったことです。根拠なんて、何もありません。しかも、その思い込み方がすごいんです。

「絶対そうなれる」と信じているのに、どうすればそうなれるのか、その方法がわからない。

つらくて、夜も眠れないことがありました。根拠のない自信をもつ人はいるかもしれませんが、そこまで思い込むのは、そうはいないんじゃないでしょうか。

でも、ナントカの一念岩をも通すと言いますが、本当ですね。そんな私をだれかが天から見て、あまりにも不憫だと思ったのでしょうか。一人さんに巡り会わせてくれたのです。

当時の一人さんは、まるでリチャード・ギア、いや、それ以上でした。本当にカッコよかった（今もカッコいいですけど）。

そんな一人さんが私にこう言ってくれたのです。

「ジュンちゃん、顔のツヤをよくして、キラキラ光るものを身につけて、天国言葉をしゃべるようにしてごらん。それだけで、ジュンちゃんもオレみたいになれるんだよ」

ツヤとキラキラと言葉。これだけで一人さんのようになれるなんて！

だまされてるみたいですよね。でも、本当なんです。

その後、私は『銀座まるかん』の販売代理店『有限会社まるかん』という会社を経営することになりますが、「ツヤとキラキラと天国言葉」、この三つで自分も幸せになり、周りの人にも幸せを分けてあげられるようになったと思えます。

元気で明るくて、おっちょこちょい……これは、一人さんが私を称した言葉です。経営者にはまるで向いていない私が、事業を成功させることができ、人生を楽しく過ごせるようになったのですから、だれだって「ツヤとキラキラと天国言葉」で楽しく、幸せに、そして成功することができるのです。

みなさんにも、ぜひ幸せになってほしい。及ばずながら、その手助けができればと、このたび私が一人さんから教わったことを本にまとめることになりました。

成功するのに必要なのは、「ツヤとキラキラと天国言葉」だけ。これほどラクなことがあるでしょうか。

どうぞみなさんも、ラクして、幸せを手に入れてください。

この本の執筆にあたり多大な協力をしてくださったビー・ポイントの中川いづみさんと東京砂町　ひとりさんファンの集まるお店の秀嶋玲菜さんに心からお礼を申し上げます。

千葉純一

目次

第一章 ツヤと、キラキラと、天国言葉

第二章 常識にとらわれない

第三章 「まさか」という坂に気をつけよう

第四章 人は神に可愛がられている

第一章

ツヤと、キラキラと、天国言葉

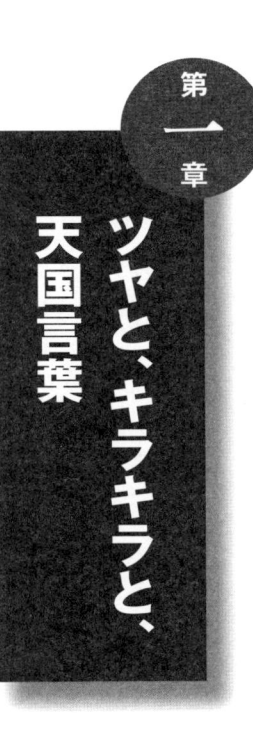

絶対このままでは終わらない！

「ジュンちゃん、ジュンちゃんに足りないものは顔のツヤとキラキラなんだよ」

一人さんにこう言われたときの衝撃は、今も忘れられません。今から十八年前、千葉純一、二十五歳のときのことです。

「いいかい、ジュンちゃん、幸せになるのは人間の義務なんだよ」

こう言われて、またびっくり。だって、そんなこと、聞いたこと、あります？　幸せになるのが義務だなんて。幸せになるのが権利というなら、わかるけど。

「違う。人間は、生まれてきたからには幸せにならなくちゃいけない義務があるんだよ。

そして、幸せになるのは、すごくカンタン。

顔のツヤをよくして、キラキラ光るものを身につければいいんだよ。

「今のジュンちゃんに足りないものは顔のツヤとキラキラなんだよ」

当時、私は業界では中堅の印鑑メーカーの営業マンをやっていました。印鑑といっても、「これを持っていれば幸せになれる」というアヤシイものじゃありません。企業の社判やゴム印とか、ちゃんとしたやつ。

社長はいい人だし、給料もまあまあ。営業成績もそこそこあげている。友だちもたくさんいるし、仕事の帰りには飲みに行ったり、ディスコに踊りにも行くし、夏休みはサーフィン、冬休みはスキーと忙しい。

自分で言うのもナンだけど、仕事もプライベートも充実して、けっこういいセンいっていたサラリーマンだったと思います。

だけど、ときどき叫びだしたいくらいの気持ちになるんです。

「絶対このまま終わらない。終わるはずがない」

と思って。

なぜ、そう思うのか、わからない。じゃあ、何をするんだと聞かれてもわからない。「このままでは終わらない」という強い思いはあるのに、根拠も理由も何一つない。不安です。焦りもする。それで、夜、眠れないんです。

今思えば、単なる勘違いだったけど、高校を卒業するころから、そういう気持ちはありました。

借金七百万円で商売をたたんで再出発。サラリーマンに

私が高校を卒業して勤めたのは『文具の千葉』。父がそれまで勤めていた事務機メーカーを退職して開いた文房具店です。

文房具店といっても、子供たちがノートや鉛筆を買いにくるような店ではありません。企業を回って、消しゴム一個から耐火金庫まで、あらゆる文具類の注文をとり、それをメーカーから取り寄せて納品する。いわば酒屋の御用聞き、車のブローカーみたいなものです。

父がなぜ商売を始めたのか、改めて聞いたことはありませんが、当時父は五十歳。サラリーマンとして、ある程度先が見える年齢でもありますし、一人息子の私に、何か残したいという気持ちもあって、それまで事務機メーカーに勤めた経験も活かせる『文具の千葉』をおこしたのでしょう。

私は、といえば、卒業してサラリーマンになろうとは、まったく思っていませんでした。人に使われるということに、どうしても馴染めなかったのかもしれません。

父が商売を始めたのは、私にとっても「渡りに船」でもありました。会社に勤めるより、お金も時間も自由になりそう……商売のイロハもわかっていないのに、勝手なことを考えて、父の商売を手伝うことにしました。

そうして始めた『文具の千葉』ですが、うまくはいきませんでした。

年々赤字はかさみ、三年目に父はサラリーマンに戻ることになったのです。その後、私一人が商売を続けましたが、一人で赤字を解消できるわけもなく、借金が七百万円にまで膨らんだところで、いよいよ商売をたたむことにしました。

家を売り、親子三人、アパートに移って再出発。私は『文具の千葉』時代に取引のあった印鑑メーカーに入れてもらったのです。

「サラリーマンなんて」と思っていた私ですが、勤めてみたら、これが楽しい。まず、給料がいい。『文具の千葉』時代は、利益が出ていなかったし、なんといっても家族ということもあって、給料は五～六万円。お小遣い程度です。

それが初任給で十八万～二十万円ももらえる。これだけでも天にも昇る気持ちでした。

さらに先輩からの引継ぎで、入社すると同時に三百軒が私の担当になりました。新規開拓の苦労がなく、そこを回るだけでいいのです。

しかも、仕事のやり方は先輩が教えてくれる。一軒一軒、自分が開拓して取引先を作っていったころに比べると、その環境はまるで天国のようです。

けれど、そんな環境にあっても、私は思っていたのです。「このままでは絶対に終わらない」と。

すでに会社一つ潰していたのに、なぜそんなことを思っていたのか、自分でも不思議です。

「要するにジュンちゃんは幸せになりたいんだよね」

印鑑メーカーに入社して二年。順調に営業成績をあげていた私は、そのころすっかり天狗になっていました。「営業なんてチョロイ」と思っていたのです。

先輩から引き継いだ地盤があり、上司のアドバイスがあって、そこまできていたにもかかわらず、そんなことはすっかり頭から消え、自分ほどの実力の持ち主が、このまま会社勤めで終わっていいはずがないと思っていました。

だって、会社はこれほどの人間をちっとも正当に評価してくれないんですから。上司の目も、社長の目も腐ってる。そんなふうに思っていましたから、社長から「おはよう！」と挨拶されても、口の中でモゴモゴと、聞こえるか聞こえないかの声で「おはようっス」と言うぐらい。

完全に勘違いしてましたね。

「仕事なんてチョロイ」と思っていましたから、当然さぼってました。

営業職を経験した人ならわかると思いますが、営業の仕事というのは、けっこう時間が自由になるものです。

その日の予定の得意先回りが終わったら、喫茶店で時間を潰したり、車のシートを倒して昼寝をしたり。

言われたことはやってるんだし、営業成績だってそこそこあげてるんだから、文句を言われる筋合いはないと思っていたし、むしろ休む暇なく仕事をして、ノルマをやっと果たす人を見て、バカにさえしていました。

自分は仕事ができると思っていましたから。

仕事帰り、はなゑさんの喫茶店に行っては、文句を言ったり、愚痴をこぼしたり……。

はなゑさんは、その後、一人さんの弟子になる舛岡はなゑさん。私と幼なじみです。彼女もいい加減、私の文句を聞き飽きたのでしょう。

あるとき、こう言いました。

「うちのお客さんに、とっても面白い人がいるの。一度その人に話を聞いてもらったら？」

そして、紹介されたのが一人さんだったのです。

一人さんは、私の話を聞いて、こう言ったのです。

「要するにジュンちゃんは幸せになりたいんだよね」

言われて、ハッと思いました。

そうか、私は幸せになりたかったんだ！　「このままじゃ終わらない」とか、「まったくみんな見る目がないよな」などとブツブツ言っていた私ですが、では何になりたいのかといえば、はっきりわかっていなかった。

一人さんの言葉は、そんな私の目からウロコを落としてくれたのです。

そうです、幸せになりたかったのです。

「運をよくして幸せになりたいと思ったら、まず顔にツヤを出してごらん」

「人生には似合わないことは起きないものなの。

ツヤのない、くすんだ顔をして、暗い色の服を着ている人は、いかにも不景気な感じだよね。

逆に、ツヤツヤの顔をして、キラキラ輝いている人は、幸せそうだよね。

だから、運をよくして、幸せになりたいと思ったら、まず顔にツヤを出してごらん。

ツヤのある顔は福相なんだよ。人間には貧相な人と、福相の人がいるけど、貧相な人は幸せになることができないんだよ。

逆に福相の人は不幸せになることができないの。でね、貧相、福相というのは、顔立ちのことじゃないの。顔立ちは好みだからね。

福相というのは、顔にツヤがあることなんだよ」

そう言われてもピンときません。女性なら、「ツヤ、はり、たるみ」という言葉に敏感かもしれませんけど、そんなこと、男が気にすることじゃないと思ってましたから。

腑に落ちない顔をしている私に、

「男は顔じゃないと思ってるだろう。でも、顔なんだよ。顔のツヤ。いいかい、ちょっと待ってなよ」

そう言うなり、一人さんは洋服のポケットからオイルを取り出して、私の顔に塗ってくれました。

「鏡を見てごらん」

見て、びっくり。そこにいたのは、いつもと違う私。やけに元気で、明るいジュンちゃんがいたのです（このツヤは、実際に見ていただかないとわかりにくいので、全国のひとりさんファンの集まるお店で無料でつけてくれますよ）。

「いいかい、これがツヤだよ。男にだってツヤは必要なの。『貧乏勢い』というのがあってね、貧乏に勢いがついていると、なかなかツヤが出てこないんだ。五回でツヤが出る人は貧乏五代目。中には十回塗らないとツヤが出てこない貧乏十代目がいるけど、毎日塗っていると一回でツヤが出るようになる。顔にツヤが出ると幸せになれるからね。ウソだと思うだろうけど、試してごらんよ」


正直、半信半疑でした。でも、どうしていいかわからず、出口が見えない暗闇の中で悶々と焦り、不安になっているなら、やってみようか。

そう思って、顔のツヤ出しを始めたのです。

変化は一週間ほどたったころから起こりました。

「ジュンちゃん、最近、元気だね。何かいいこと、あったの？」

お得意さんに行くたびに、こんなことを言われるようになったのです。

「やる気のある人に顔を出してもらえると、事務所が明るくなっていいや。ちょいちょい顔を出してよ」

なんて人まで出てくる始末。いったいどうなっているのか……。

でも、そう言われれば悪い気はしません。しばらく顔を出していない取引先に挨拶に行ったり、得意先に知り合いの会社を紹介してもらったり、自然に体も口も軽くなっていったのです。

顔にツヤを出したら仕事が楽しくなってきた

さぼっているときは、「やることはやってるんだから」という気持ちでいても、実際はやることなんて山ほどあるわけです。そういうことをやっていないんだから、大きな顔をして、休んでいられる身分ではなかったのです。

それに実は、この「紹介してください」と頼むことが、私は苦手でした。それはまるで、「私は無能なので、自分ひとりでは満足に顧客開拓もできないんです」と言っているようでしたから。

それが営業マンの仕事だ、なんて思っていなかったんですね。

だけど、「元気な顔を見るだけでも、うれしいよ」なんて言われれば、「顔を出すだけでもいいんだ」と思えるわけです。

もともと、根が単純ですからね。飛び込み営業だって、全然ＯＫ。そんな気持ちでした。

「あの会社の総務に知り合い、いない？」

「総務にはいないけど、人事にはいる」

「じゃあ、とりあえずその人を紹介してくれない？」

「いいけど、おたくと取引するように言う力は、オレにはないよ」

「わかってます。そこから先はこちらの企業努力ですから」

なんて、やりました。で、やると楽しいんですよ。

そのころはちょうど日本電電公社がＮＴＴに変わるころ。あまり知られていませんけど、印鑑メーカーにとって、会社が引っ越した、社名が変わるというのは需要が伸びるとき。

住所が変われば、新しい社判が必要になるし、社名変更なんて、「ここを逃しちゃいけない！」というぐらい大量に需要が発生します。

それがNTTなんて大会社になったら、なおさらのこと。毎日毎日通いました。

「また来たの？」なんて呆れられることもあったし、人によってはバカにするような態度をとる人もいる。

「元気な顔だけ見られればいい」なんて人ばかりじゃなく、つらい思いもいっぱいしたし、恥もたくさんかいたけど、一生懸命仕事をすると、充実感が出てくるんですね。

昼寝をしていたら、体はラクかもしれないけど、こういう充実感は得られない。

「こういう言い方をしたら、ダメなのか」とか、勉強になることもたくさんあったしね。結局NTTの注文はとれなかったけど、

「仕事は楽しい」

気がついたら、そんな気持ちになっていたのです。それまで仕事は、生活のために

仕方なくすることと思っていたのに……。

顔のツヤを出すだけで、周りも変わったし、自分も変わった。これは驚くべきことでした。

「仕事は人生の修行ができて、面白くて、お金も稼げる。これが楽しくなくて何が楽しいの？」

そんなことを一人さんに言うと、

「顔にツヤを出すって、そういうことなんだよ」

と言って、次のような話をしてくれました。


「仕事は楽しいものなんだよ。

遊びは身銭をきらなきゃいけないけど、仕事は人生の修行ができて、そのうえ面白くて、お金も稼げる。

これが楽しくなくて、何が楽しいの？

人間は一人一人立場がある。その立場を貫き通せるかどうかが、成功するか、カッコよく生きられるかの分かれ目なの。

営業車を公園の脇とかに止めて、寝てるヤツがいるけど、カッコ悪いよね。

だけど、片手に牛乳を持って、昼休みもなく、パンをかじりながら、営業車に乗っているヤツって、カッコいいよね。

全力で今の仕事をする。

『なんのため』と考えたらダメなんだ。商人は一生働くのが仕事なの。

便所掃除をする人は、便所掃除をするのが仕事なの。『なんのために』と考え始めると、一瞬手が止まるんだよ。それじゃダメ。

百メートル選手は、ただひたすらゴールに向かって走ればいいんで、あっち向いたり、こっち向いたりするとダメなんだ。余分なことに目をくれるからいけない。

営業マンはひたすら営業する。

大工はひたすら家を建てる。

農家の人は、ひたすら畑を耕し続け、おいしいものを作るのが仕事なの。

用務員のおじさんだったら、見事な用務員のおじさんになって、みんなが校長先生のことは忘れても、用務員のおじさんは忘れないぐらい、立派な用務員のおじさんになる。

「全力をあげると神様は次の能力をくれるんだよ」

持てる力を人様のために出して、出して、出し切るの。そうしてカラになると、次が入ってくるの。

いいかい。鍛冶屋がカッチンカッチンするよね。使った筋肉は減りますか？　というと、次の日もっと筋肉がたくましくなることはあっても、減るということはない。

出し惜しみしたとき、筋肉は衰えてくる。

例えば二百坪の土地を耕せる力を持っている人が、怠けて百坪しか耕さないとするよね。

近所には全力でやっても三十坪しか耕せない人がいたとする。だけど、全力で耕しているうちに、だんだん筋肉ができてきて、三十一坪、三十二坪と耕す坪数が増えていく。

全力をあげて五十坪まで耕せるようになったとするよね。そうすると神様は、『こいつ、全力をあげてるんだ。能力を出し切っているんだ』と思われれば、次の能力をくれるんだよ」

光りものをつけて運をよくする！

次の能力……なんだろう？　そう思ってる私に、一人さんは言いました。

「ジュンちゃん、何か光るものをつけてごらんよ。

ネックレスでもペンダントでも、指輪でもいい。

キラキラ光るものをつけると、運はぐんと上がるよ」


光るもの……大好きでした。

ディスコに踊りに行くときは、それこそピカピカ光るバックルのついたベルトに、大きなペンダントヘッドのついたペンダントを首から下げ、指輪も二つか三つつけ、ミラーボールの下でグルグル腰を回していました。

光るものを身につけるだけで運がよくなるなら、しめたもの。

でも、会社でとなると……、とてもまともな営業マンとは見られません。

「じゃあ、仕事中はつけなくていいから、休みの日とか、会社への行き帰りにつけてごらんよ」

顔のツヤを出すだけで、つまらないと思っていた仕事が楽しくなったのですから、もう疑う余地はありません。早速、つけよう！　と思いました。

でも、ここでムクムクと不安が…。

「キラキラしているのを見ると楽しくなるだろう？自分のためじゃない、人のためにつけるの」

運をよくするためにつけるなら、やはりそれ相当のものが必要じゃないか。まして、通勤でもつけるとなると、会社の人間と会う可能性だってあります。そのとき、おもちゃみたいなアクセサリーをつけているのを見られるのは恥ずかしい。つけるなら本物。でも、そんなお金はありません。

そう一人さんに言うと、

「本物じゃなきゃ恥ずかしいというのは、ジュンちゃんの見栄だよね。

でも、なんのために光るものをつけるかというと、世の中を明るくするためなんだよ。自分が受けている光を、反射して世の中に返すためなんだよ。

それにキラキラしているのを見ると楽しくなるだろう？

自分のためじゃない、人のためにつけるの。

本物じゃないと恥ずかしいというのは、自分のことを言ってるんだよね。

世の中を明るくするためにやるのと、自分の権力を見せつけるために宝石を身につけるのでは全然違うからね。間違えないようにね。

天の神様は人を喜ばせていることをしている人が大好きだからね。

そういう人には、いい運を授けてくれる」


確かに、「本物でないと」というのは、自分の見栄。

一人さんの言葉に背中を押されて、その足で通勤のときにつけるペンダントを買いました。一個三百円也。

大の大人が三百円のものを身につけていいのかなあと思いましたが、一人さんの言うことに間違いはないでしょう。それをネクタイの上につけて、毎日会社に行くことにしました。

これはとっても不思議なことなんですけど、光るものをつけるのって、楽しいんですよ。最初は「会社に光るものをつけていくなんて…」と思っていたので、できるだけ目立たない小さなものにしていたんですけど、そのうち、それじゃ物足りなくなって、大きな、目立つものをつけたくなるんです。

で、つけてると楽しい。なんなんでしょうね。「これつけて会社に行ける」なんてことで、ウキウキしちゃうんです。

「また、いい加減なことを言って」と、思いますよね。私も思いました。一人さんに「光るものをつけると、毎日が楽しくなって、運が上がるよ」と言われたとき。

でも、実際、楽しいし、楽しいことが増えるって、運がよくなっている証拠ですよね。

ウソだと思うなら、つけてみてください、光りもの。

絶対、変わりますから。

印鑑屋では、印鑑の注文が多くなれば、印鑑を作るのを手伝うことがあります。

もちろん、文字を彫るなど職人さんの技術が必要なところは手伝えません。けれど、ゴムの部分を木に貼るという作業もあるんですね。

以前もその作業を手伝うことがありました。でも、そのときは、「こんなの製造の仕事じゃないか。なんで営業のオレが手伝わなくちゃならないんだよ」と、ブツブツ言いながらやっていた。

だけど、仕事が楽しくなってくると、「こうやってみんなが一生懸命作ってくれるおかげで、期日までにきちんと納品できてありがたい」という気持ちになってくるんです。

その日も、ものすごく忙しい日でした。今日中に何百個のはんこを作らないと、明日の納品に間に合わない。

それで、会社に着いてすぐ、職人さんのところに手伝いに行ったんです。いつもならはずすペンダントを気が急いていたから、はずすのを忘れていたんですね。

上着を脱いで手伝う私に、職人さんが言いました。

「しゃれたネクタイ留め、つけてるね。最近の若い人は、おしゃれでいいなあ。高いんだろう」

ペンダントを見て、言うのです。意外でした。

職人さんは昔かたぎの人が多いため、「そんなものつけてチャラチャラして」と、イヤミの一つも言われるかと思い、それまでは必ずはずしていたのに、こんなことを言われたのです。

調子にのった私はつい、

「三百円ですよ。光るものをつけていると運がよくなるらしいですよ」

「へえ、オレも買おうかな。どこで買ったのか、教えてよ」

そんな話、それまで職人さんとしたことはありませんでした。

ちょっと前まで「営業のやつは、なんでも注文をとればいいと思ってて、製造スケジュールを考えてない」と、職人さんが言えば、「オレたちが注文をとってくるから金が入るんじゃないか。文句ばっかり言ってないで、さっさと作れ」と営業が思っていたり、必ずしも関係はよくなかったですからね。それなのに、こんな話をするようになっている……。

職人さんとの関係だけでなく、今までうまくいかなかった人間関係もどんどんよくなっていきました。

「天国行きの言葉を使って、人を傷つけないように魂の成長をしなよ」

一人さんのおかげで毎日が楽しくなり、プライベートでは光りもの趣味に拍車がかかった私ですが、素朴な疑問がわいてきました。

「成金の人は、光りものを身につけているけど、あれはキラキラさせたほうが得だ、幸せになる、運が開けるとわかっているんだ。

でも、僕はお金はほしいけど、成金みたいにはなりたくない。キラキラさせても、成金のようにならないためには、どうすればいいんだろう」

お金を手にしたわけではないのに、こんなことを考えるなんて、おめでたいといえばおめでたい。でも、不思議だったんですよね。成金て、なんかイヤじゃないですか。

で、一人さんに聞きました。

「ジュンちゃん、それはね、言葉が違うんだよ」

言葉？

「そう。成金は下品なの。

なぜ下品かというと、しゃべる言葉が下品だから。

『オレは金を持っているから偉いんだ』『小さいときから、だれの世話にもならず、ここまできた』

と言うのは下品だよね。

でも、同じように金持ちでキラキラしてても、

『親に生んでもらって、みんなに助けてもらって、こんな能力のない私がここまでこられた』と言えば上品だよね。それだけなの。

だから、ジュンちゃんも天国行きの言葉を使って、人を傷つけないように魂の成長をしなよ」

そう言って、教えてもらったのが、次に紹介する天国行きの言葉と、地獄行きの言葉です。

★天国行きの言葉
「愛してます」「ついてる」「うれしい・楽しい」「感謝してます」「幸せ」「ありがとう」「ゆるします」
★地獄行きの言葉
「愛してます」ついてない、不平不満、愚痴や泣き言、悪口・文句、心配ごと、ゆるせない

本当に言霊《ことだま》の作用ってすごいですよ

一人さんによると、言葉には「言霊の作用」というのがあって、一度言った言葉

は、もう一度繰り返して言わなければならないそうです。

つまり、「バカヤロウ」と言ったら、もう一度「バカヤロウ」と言わなきゃいけない現象が起きるし、「ありがとう」「感謝してるよ」と言うと、もう一度「ありがとう」「感謝してるよ」と言いたくなる、よい現象が起こる……。

「そんなこと……」と、鼻で笑う人がいるかもしれない。私だって、初めて言われたときは、「また、そんないい加減なことを言って」と思いました。

でも、振り返ると確かにそうなんです。

一人さんと出会う前、私は会社の愚痴や上司の悪口をいつも言っていました。で、一度言い始めると、止まらないんですね、これが。

「信じられないよな、あいつ。あんなところでミスして」

と言い始めると、

「そういえば、この間、経理の○○もね……」

と、もう止まるところを知らない。楽しい話や人をほめる話なんて、そういうときは出てこないんです。逆に楽しい話をしているときは、愚痴や悪口なんて出てきません。

あれって、言霊の作用だったんですね。

この話を聞いてから、できるだけ地獄行きの言葉を言わないように気をつけ、天国行きの言葉を口にするように心がけました。

天国行きの言葉を使っていると、自分の顔も笑顔になるし、周りの人も笑顔になる。よいことが起きる感じになってくるんです。「感じ」だけじゃありません。

みんなが助けてくれるようになるから、自然に「ありがとう」「感謝してます」という言葉を口にしたくなる。毎日が楽しくなってくるんです。

本当に言霊の作用って、すごいですよ。

「ついてるなあ」「豊かだなあ」「ありがたいなあ」だまされたと思って言ってみてください

一人さんに言われたことの中には、「え？　ホント？」と思うことがたくさんあり

ますが、中でも驚いたのは、

「本当はどう思っているかなんて関係ない。とにかく、いい言葉を口にしな」

と、いうことです。

ふつうは違いますよね。口先で言うだけじゃダメ、気持ちが大事なんだって。私もそう言われて育ちました。

「だったら、ジュンちゃん、試してみるかい？
鍋焼きうどんが食べたいと思っているとき、うどん屋さんに行って、カレーうどんを頼んでごらん。
心で思っていることが通じれば、鍋焼きうどんが出てくるよね。どっちが出てくるか、実験してごらん」

やってみました、人間、素直がなによりですから。もちろん、鍋焼きうどんなんて出てきたりはしません。でも、そういうものなんでしょうか。

「そういうものなんだよ。たとえば、ピアノを弾いていた人が、ギターを弾けば、その人から出てくる音色は変わるだろう。

よく『あの人とは波長が合う』とか言うけど、人間からも、ピアノやギターの音のように波長が出てるんだよ。

言葉にもやっぱり波長があって、『ついてるなぁ』『豊かだなぁ』『ありがたいなぁ』という言葉からは、幸せの波長が出るんだよ。言葉の波長は、その人がもっている波長より強いからね。

疲れているときでも、『ついてるなぁ』と言ってごらん。

心なんか伴ってなくていいんだよ。そのうち、心も伴うようになるから」


一人さんの言葉の中に、「似つかわしくないことは起こらない」というのがありますけど、本当なんです。

納品ミスか何かあったとき、心の中で、

「まったくどうなってるんだ」「これで残業しなくちゃいけない。ついてないなぁ」などと思っていても、「ついてる」「幸せだなあ」なんて言っていると、あんまり悲観的なことが考えられないんですね。

逆にイヤなことがあったとき、「本当に今日はロクでもない日だった」などと言うと、どっと疲れが出てきますよね。

だまされたと思って言ってみてください。

「ついてるなぁ」

「豊かだなぁ」

「ありがたいなぁ」って。

それも、疲れているとき、たいへんだと思っているときほど効果があります。うっかり「ひどい一日だった」と口を滑らせても大丈夫。

「だけど、ついてた」と、つけ加えればいいんです。

思い通りいかなくて、ムッとすることもあります。そんなとき、笑顔になるのはなかなかむずかしいものですが、それでも「幸せだなあ」と言ってみると、それだけでも気持ちは変わってくるし、不思議なことに、だんだんついてくるんです。

心で思うより、口に出して言うほうが大切

それに何より驚くのは、言葉に心をこめなくていいと言うんです。よく言うでしょう。

「口先だけで言っていても何もならない」って。

違うんです。

「口先だけでいいから、天国行きの言葉を言いな」って、言うんですよ。これには驚きました。

「だって、ジュンちゃんは、今、幸せじゃないから、幸せになりたいと思ってるんだよね。

不幸せな人に『心から幸せだと思え』と言っても、無理じゃない？

だから、口だけでいいの。顔にツヤを出して、光るものを身につけて、天国行きの言葉を言っているだけで、絶対幸せになるんだから。幸せになったら、心も自然についてくるよね。

よく外見より内面を磨くほうが大事と言うけど、内面を磨いて光輝こうとすると、ムチャクチャ時間がかかるんだよ。人生が終わっちゃう。

だったら、今すぐやったほうが早いじゃない？　やっているうちに中身も変わってくるんだから」


一人さんによると、こうやっていい波長を出すようにしていると、自然にいい波長を出している人が集まるようになって、今よりもっと楽しく過ごせるようになると言います。

「人は楽しむために生まれてきたんだから つらいことは避けたほうがいい」

さらに一人さんは、苦手な人には近づかなくていいとも言います。

みなさんのそばに感じが悪い人がいたとします。その人の口から出るのは、いつも愚痴ばかり。

楽しい話をしようと思っても、

「お金がなくてさ」とか、「仕事のできない人間が上にいると、イヤになっちゃうよ」とか、なんだか暗い人。

まあ、私も言えた義理じゃありません。以前はそうでしたから。

問題は、こういう人にどう接すればいいかということ。

本当は「イヤだなあ」と思っているのに、「同僚だから」「知り合いだから」と話を聞いてあげないといけないと思っていませんか。

一人さんは違います。

「近づいてきたら、さっと避ける。できれば会わないようにする」

なんだか冷たい人間のようですよね。でも、これでいいんだと言うのです。


「人はね、他人を変えることなんて、できないの。自分を変えられるのは自分だけ。だいたい波長が合わない人といっしょにいても楽しくないでしょう。けんかになって、殺されることだってあるかもしれない。

会わなければ殺されることもないし、相手を人殺しにすることもないからね。なんにでも戦いを挑めばいいというもんじゃないんだよ。時速三百キロで走ってる新幹線にぶつかっていったら、死んじゃうんだよ。

会いたい人に会えないこと、会いたくない人に会ってしまうこと、どっちもつらいよね。どちらかというと、会いたくない人に会っちゃったときのほうがずっとつらい。

人は楽しむために生まれてきたんだから、つらいことは避けたほうがいい。それは

全然いけないことじゃないんだよ」

私たちはつい、だれにでも好かれたいと思ってしまいます。でも、考えたら、そんなこと、無理ですよね。だれにだって苦手な人がいます。

一人さんから、この話を聞いて、気持ちがすっと軽くなりました。

未熟な私は、相談しているつもりで話していても、つい愚痴ってしまうことがあります。ふつうだったら、「そうなの。たいへんね」とか、相手に同情するようなことを言ったり、慰めたりするるじゃないですか。それが友だちだと思うから。

でも、一人さんは決して、こういうことは言いません（一人さんにも愚痴ってしまう未熟な私です）。

一応私にしゃべるだけ、しゃべらせておいて、「ところでジュンちゃんさぁ」と、別のことを話し出すのです。

一人さんの話ですから、「なるほど、なるほど」と思うことが多く、愚痴っていたことも忘れ、自然に「今度、ああしてみよう」など前向きなことを考えられるようになります。私にとってはありがたいことですが、一人さんにしてみれば、私が放つマイナスのエネルギーをかわしていたんでしょうね。確かに愚痴る相手につきあっているると、こっちまでめいってしまいますもの。

一人さんから教えられているから、当然といえば当然ですが、月に何回かある『まるかん』の社長の集まりに出ても、みんなが愚痴を言うのを聞いたことがありません。

私は今、岐阜県のほかに、三重県、奈良県、長崎県、熊本県、鹿児島県を担当していて、各地を飛び回っているので、正直、疲れたなと思うこともあります。

でも、ちょっと元気がないときでも、『まるかん』の社長の集まりに出ると、パワーをバンバンもらえて、元気になって帰ってこられるのです。これも、みんなが使うよい言葉の波長のおかげかな。社長たちに感謝、感謝。

「仕事をゲームと思ってやればいいんだよ」

とはいえ、仕事をしていれば、ちょっと愚痴りたくなることだってあります。そういうときも地獄行きの言葉を使っちゃいけないと、一人さんは言うのです。

「ふつう仕事は一日八時間するよね。忙しければ、もっとするかもしれない。ところが、『つまらない、つまらない』と言って働くと、一日八時間はつまらないんだよね。そのつまらない勢いで、ウサ晴らしして酒を飲むと、人生がつまらなくなっちゃう。そんなのイヤだろう。

だとしたら、どうしたら楽しくなるか考えればいいんだよ。

ゲームは楽しいよね。だから、仕事をゲームにすればいいんです。

今まで書類を仕上げるのに五時間かかっていたけれど、今日は五時間を切ってみようとか、いつもガミガミ言う係長に、『斎藤、頑晴《がんば》ってるな』と言わせてみせようとか、ゲームと思ってやればいいんだよね。

同じ書類を仕上げるなら、タイムを計りながらやればいい。『お、今日は最高新記録だ』なんてやれば、F1レースをしているのと同じだよね。

自分の仕事が早く終わったら、隣の人の仕事を手伝ってあげたりするんです。隣から喜ばれ、回りから喜ばれるようになると、会社に行くのが楽しくなっちゃう。

ところが、何時までに終わらせようと思っていても、邪魔が入ることがあるよね。係長が突然急ぎの仕事を言いつけてきたり。それがまた、面白いんだな。

サッカーだって、ゴールしようとすると邪魔が入るじゃない？

それをよけながらゴールするのが面白いんであって、好きなだけゴールしていいよと言われても、全然面白くないよね。邪魔が多いほどゲームは面白い。

だから、イヤな上司はゲームを楽しくしてくれる大切な存在。そう思ったら、自然と感謝の気持ちも生まれるよね。

平日が楽しければ、ウサ晴らしの酒を飲んで、休みの日を二日酔いで潰すこともなくなる。だから、休みも楽しく過ごせる。人生が面白くて仕方なくなるよ」

百日、真剣に働くと仕事が楽しくなる

確かにそうなんだろうなと思いますが、落ち込んだとき、人間というのは、なかなか素直になれないものです。

釈然としない顔をしている私に、一人さんはこう言いました。

「ジュンちゃん、百日、一生懸命働きな。真剣に働いて、それでも今の仕事がつまらないというなら、やめてもいい。だけど、百日でいい。とにかくがむしゃらに働いてみなよ」

今の生活が延々続くと思うと、イヤになりますが、百日でいいというなら、やってみようかと思いました。

取引先からイヤミを言われても、サッカーのラフプレーだと思うことにする。

ライバルと契約されたときは、先制点を入れられたと考える。会社で連絡ミスがあったときは、パスがうまくとおらなかったと思う……。そんなふうに考えていくと、愚痴を言うより、「何くそ！」という気持ちになるんですね。そして、「次はこういうふうにしてみよう」と考える。

そんなことをしているうちに、またたく間に百日が過ぎていきました。というか、自分では百日たったなんてことも忘れていたんです。

「どう？　ジュンちゃん、百日たったけど、会社、やめるかい？」

と、一人さんに言われるまで気がつかなかった。それだけ仕事に集中していたんです。仕事が面白くなっていたんですね。

「いや、もう少し続けてみます」

こう答えた私に一人さんが言いました。

「そうだろう。どんなことでも百日真剣にやれば、絶対面白くなるものなんだよ。仕事の代わりに趣味を百日続けてごらん。絶対飽きるから。お金を払って遊んで、

それでも飽きるのが趣味なら、仕事は絶対飽きないし、お金までくれる。

いい加減な気持ちで転職しても、同じことを繰り返すだけ。

いいかい、山には山のよさがあり、海には海のよさがある。その場その場で、そこのよさを見つけられない人間は、絶対幸せになれないんだよ。

もし、本当にその仕事が向いていないなら、百日真剣にやっているうちに、やりたいことも見えてくる。

そのときは自然に転職するようになるものなんだよ」

第二章

常識にとらわれない

ここぞと思うときは肚を決めなくてはならない

一人さんに教えてもらった「顔のツヤと、キラキラと、天国言葉」で、仕事が楽しくなった私ですが、この「顔のツヤと、キラキラと、天国言葉」の本当の「威力」を実感したのは、『まるかん』の仕事を始めてからでした。

一人さんにいろいろ教えてもらうようになって三年。一人さんと、そのお弟子さんたちと一緒に新潟県長岡市にある河井継之助のお墓参りに行きました。

河井継之助は「日本最後の武士」とも言われ、幕末時代、越後長岡藩の全権を担った人物でした。

頭脳明晰で、先見性があり、だれよりも早く徳川幕府の崩壊を予期していたにもかかわらず、若いときに全国を放浪しているころ、徳川家に受けた恩顧に報いるため、幕府側に味方しようと肚を決め、攘夷軍と戦うわけです。

どんなに不利だとわかっていても、自分が「こうだ」と思った主義主張を貫く生き方。一人さんに薦められて読んだ本で河井継之助を知り、その生き方に感動しました。

ここぞと思うときに肚を決めなくてはならない。私は肚を決めました。

そこで河井継之助のお墓参りの帰り、一人さんに言ったのです。

「私も一人さんのお仕事の手伝いをさせてください」

「ツヤ、キラキラ、天国言葉」で仕事が楽しくなったとはいえ、今の会社が本当に自分のいるべき場所か、まだ迷ったままでした。というより、やはりまだ「このままでは終わらない」という気持ちは消えずに残っていたのです。そのためには、なんとしても一人さんの仕事をしたい。

「ここで断られたら、もうあとがない」

悲壮な決意をして言った私に、一人さんはこともなげにこう言いました。

「いいよ」

私が『銀座まるかん』（当時銀座日本漢方研究所）の販売代理店をやるようになっ

た瞬間です。

そのころ一人さんは日本の白地図を持ち歩いていました。当時『まるかん』は通信販売で商品を売っていて、全国に拠点を作っているときで、すでに『まるかん』の販売代理店の社長となっていた柴村恵美子さんたちに任せた地域には黄色や緑で白地図が塗り潰されていました。

「ジュンちゃん、どこに行きたい?」

白地図を広げて、一人さんは言いました。

「じゃあ、岐阜」

岐阜は私が尊敬する豊臣秀吉が織田信長とともに七年間暮らしたところ。こうやって私の担当地域が決まりました。

でも、考えてみれば不思議な話です。通信販売は、どこか一カ所に本部を置けば、各地に店舗を置かなくていいところが最大のメリットのはず。

それなのに全国各地に拠点を置こうと考えたのは、お客様の近くにいることがお客様にも便利だし、我々もお客様の声を聞きやすいからだということでした。そう言われれば、納得できます。

「何をやるのが正しいか」ではなく「何をやるのが楽しいか」

けれど、それならそれで、どこから拠点を置いていこうか、「戦略」というものが必要になるはずです。

それが一人さんは、地図を広げて「どこがいい？」です。まあ、どの地域が売れそうなのかなど何も考えず、秀吉が好きだからと、岐阜を選んだ私も私ですけど。

あとになって、このことを聞くと、一人さんはこう言いました。

「人間て、どこでやっても、うまくいくものはいくんだよ。いかないものはいかないんだよ。成功するには、どこでやっても同じだけの苦労をするものなの。そうやって、人間としての器量を磨いていくものなんだよ。場所なんて、関係ない。

生きていると、右か左か、どちらかの道を選ばなきゃならないときがあるよね。このとき、『どっちを選ぶのが正しいか』なんて考えちゃダメ。こう考えるから、けんかになっちゃう。

○○○○教と××××教、どっちが正しいかを主張し始めるから、戦争も起こるんです。○○○○教を信じる人は○○○○教が楽しい、××××教を信じる人は××××教が楽しい。

一つしか楽しいことがないより、二つも楽しいことがあったほうがいいじゃないですか。クリスマスも楽しいし、初詣に行くのも楽しいでしょう。

仕事だって同じ。『何をやるのが正しいか』ではなくて、『何をやるのが楽しいか』を考えればいいんだよ。好きなところで一生懸命やってもうまくいかないなら、嫌いなところは、なおうまくいかないんだよ。

ジュンちゃんが岐阜を選んだのは、秀吉にゆかりのある土地だからと言っている。だけど、心の奥のほうでは、福岡は遠すぎて怖いし、岐阜だったら新幹線ですぐ帰ってこられるから、土曜日は東京に戻ってきて、みんなの顔が見られると思ったのかもしれない。

いろいろな理由があって、ジュンちゃんが岐阜を選んだんだから、ジュンちゃんが仕事をする場は岐阜だったんだよ。その人が戦う場所だから、その人にとって、いい場所を選べばいいんです」

この話を聞いたとき、びっくりしました。一人さんには言わなかったけど、確かに私の心の中には、生まれ育った東京を離れるのが怖いというのがあったからです。

「これから親が歳をとっていくのに、一人息子の自分が遠くに行って大丈夫だろうか」

なんて、それまでは親のことなんて、ろくに考えてもいなかったのに、こんなことも考えたりしました。すべてお見通しだったんですね。

困難は神様の贈り物！

さて、肚を決めて『まるかん』入りを決意し、秀吉とゆかりの深い岐阜に行くことになりました。あとは出発の日を決めるだけです。

あんなに憧れた一人さんのもとで働けるというのに、東京を離れる決心がつかないのです。これには自分も驚きました。自分で言い出したことなのです「一人さんのもとで働きたい」と。

会社での仕事を一生懸命やったのも、一人さんに見放されてはならないと思ったからです。一人さんの言うとおりにやれば、絶対間違いはないということも、それまでの経験で身にしみてわかっています。

あと一歩踏み出すだけで、夢にまで見た「一人さんのもとで働く」ことが実現するというのに、その一歩が出てこない。

東京を離れたことのない自分が、初めての土地でうまくなじめるだろうか。岐阜で失敗したら、今までのように一人さんともつきあえない。不安は膨らみます。

そんな私の気持ちを知っているのかいないのか、顔を合わせれば一人さんは、「いつ岐阜に行くの？」と聞き、こう言います。

「不安はわかる。だけど、一歩、踏み出してみなよ。行って、そこがイヤだったら帰ってくればいいじゃん」

「え！？　帰ってきてもいいんだ」

そうなんです。やってみればいいだけ。でも、ふつう、ある決意を抱いてよその土地へ行くとなると、それこそ「故郷に錦を飾る」じゃないですけど、「成功するまで戻ってこられない」、あるいは「何が何でも成功させなくちゃ」とか、思いませんか。私にとって「肚を決める」とは、そういうことでした。

でも、一人さんは違う。一人さんにとって「肚を決める」とは、「岐阜に行くこと」であって、行ってダメだったら戻ってきてもいいし、そのとき考えればいいことなのです。

「最初は、行って、岐阜がどういうところか見てくるだけでしょ。なんで、それを渋っているのかわからない」

それはそうです。すっかり心が軽くなった私はボストンバッグ一つ持って、岐阜に旅立ったのでした。


「ふつう、困難を乗り越えるとよいことが待っているものなの。困難は神様の贈り物。でも、本当は神様は人を困らせようなんて、しないものなの。

それなのに、困ったことが起こるということは、そのやり方が間違っているということを神様が伝えようとしているんです。

そのことに気づかず、同じやり方を続けていくと、困ったことがどんどん起こる。

ダメだったら、次のことを考えればいいだけ。

いちばんいけないのは、何もしないでいることなんだよ」


何も変えようとせず、十年一日のごとく同じやり方を続ける……。とくに商人にはこれが致命的だと言います。

「いいかい。商売は『あきない』。お客様が『飽きない』ように、つねにいろいろ工夫するものなの。

そして、世の中の人は、みんな商人なの。サラリーマンだって、自分の能力を会社に売っているわけでしょう。

どんなにすぐれた能力をもっていても、同じことをずっと続けていたらお客様（会社）に飽きられてしまう。

会社に飽きられないためには、つねに自分のやり方を工夫していかなければいけないんだよ」

一人さんの言葉に背中を押されて、岐阜に旅立つことにしました。

「ダメだったら帰ってくればいいんだよ」

面積約一万六百二十平方キロメートル。人口約二百六万七千人。日本で七番目に広く、人口密度は都道府県の中で三十番めくらい。これが岐阜県です。

行ったときには、もちろんそんなことは知りません。調べたのは、行き方だけ。時刻表の路線図を見ると、新幹線の停車駅に岐阜羽島がある。こだまに乗って行きました。

岐阜に着いたら、最初にしたいことがありました。それは金華山に行くこと。金華山には斎藤道山が作った岐阜城があります。

ここは秀吉が信長についていって、初めて落とした城。秀吉が最初に手柄をたてた場所です。岐阜に着いたら、すぐ金華山に行こう。まるで遠足気分です。

ところが……。新幹線の駅を降りたら、何もない。最近は日本全国どこに行っても、似たような町並みだと言われるけれど、その町並みがないんです。呆然としました。こんなところで商売なんて、できるのか……。

「ダメだったら帰ってくればいいんだ」

という一人さんの言葉が、グルグル頭の中を回ります。とはいえ、ここでトンボ帰りはできません。周りをグルーッと見回すと、向こうのほうに赤い電車が走っている。

すがる思いで、そばにいた人に聞きました。

「あの赤い電車、どこに行くんですか？」

「あれは名鉄電車だよ。岐阜市内に行くよ」

ということは、ここは市内ではないということだ。そうだよな、新幹線の駅って、新横浜にしても、小田原にしても、市の中心地から離れたところに建てられているもの。

ちょっと胸をなで下ろして、教えられた道を歩いて駅に向かいました。電車に乗って三十分。

岐阜は賑やかな街でした。早速タクシーに乗り、金華山に。標高三百メートルほどの小高い山の上に建つ城から市内を眺めた私は、完全に秀吉の気分でした。

「よーし、秀吉が天下を統一したように、自分もここからスタートするぞー」

眼下に広がるのは濃尾平野。もう少し大きな街でスタートさせたほうがよかったのかなという不安を振りきり、事務所にするスペースと、自分が暮らす部屋を探しに出かけることにしました。

商人はお金じゃなくて知恵を出すもの

岐阜に行く前、私が一人さんから言われたのは、「事務所は十坪以下、家賃は十万円以下を目安に探すといいよ」ということでした。私の手持ちの資金は二百万円。一人さんの弟子になってから、いつかは自分もお店をやらせてもらいたいと思っていましたから、必死で貯金していましたが、二百万円ためるのが精一杯でした。

資金が足りなければ銀行から借りてもいいような気がします。でも、一人さんは言うのです。

「二百万円で成功させられない人間が、どうして二千万円あれば成功すると思うの？　まず二百万円で成功させてみな」と。もちろん、一人さんからの援助はまったくありませんでした。

「商人というものは、お金じゃなくて、知恵を出すものなの。ジュンちゃんは岐阜に行ったから、事務所や部屋を借りなくちゃいけなかったけど、引っ越す必要がなければ事務所は、そのとき住んでいるところでいい。広告だって手書きでかまわないんです。

最初はほとんどお金を出さないで始めて、儲けが出たら、その範囲でまかないながら、商売を広げていく。

そうすれば、たとえ商売がうまくいかなくても、一円も損をしない。商売を始める前の状態に戻るだけです。

本人がまたやりたいと思えば、何度でもやり直せる。絶対失敗しないとわかってる

んだから、仕事も楽しくなるよね。
それにお金を使わないでやろうと思えば、どうしても知恵が必要になる。知恵を出せば出すほど、商売はうまくいくんだよ」

事務所が決まり、いよいよ仕事をスタートさせる準備が整ったとき、一人さんから「看板はオレがプレゼントしてやるよ」と、言われました。なんてうれしい心遣いでしょう。

看板さえかけたら、もう準備は終わりという状態にして、看板が届くのを待ちました。そして、待ちに待った看板を入れた箱が届けられたのです。

開けてびっくり。なんと一人さんが送ってくれた「看板」は、商品が入っていたダンボールを切ったものだったのです。

書いてあるでしょう、ダンボールに社名が。あそこの部分。一円もお金を使わない……しかし、ここまでとは。

看板？　もちろん、店の前に掲げましたよ。一人さんからのプレゼントですもの。

そうするとね、その看板を見て、お客様が来るんです（通販業務が主でしたが、店売りもしていたのです）。

「お金より、知恵を使え」の言葉が身にしみました。

「屏風とお店は広げすぎると倒れるんだよ」

「できるだけお金は使わない」という一人さんの教えに従って、私が事務所と決めたのは、岐阜駅から車で十五分ほどのビルの一室。古くて、汚くて、「ここが人生の再スタートの地点」と思うと、ちょっとさびしくなりそうなところでした。

資金が二百万円しかないのですから、安いに越したことはないのですが、もう少し広いところを借りられるのではないかと思いました。

すでに『まるかん』の仕事を始めていたお弟子さんたちを見ると、いつかは人を雇わなくてはならないこともわかっています。だったら、最初から少し広めの事務所を借りたほうが効率がいいような気がします。

けれど、一人さんは最初は十坪以下で充分だと言うのです。

「ジュンちゃんはまだ岐阜で、どこがおいしいお店か知らないよね。

食事するところを探しているとき、狭いけど混んでいて活気がある店と、広くてきれいだけどガラーンとした店があるとすると、ジュンちゃんはどっちの店に入る？」

それはやっぱり混んでいるお店です。混んでいるのは、おいしいからに違いありませんから。

「だろう。だけど、お客様の数を数えてみると、どっちの店も同じかもしれない。だけど、店が狭いと繁盛しているように見えるけど、お店が広いとヒマな感じに見えちゃうんだね。そうすると、味は変わらないのに、お客様はどんどん離れていってしまう。

これはね、空きスペースからは『ヒマな波動』が出るからなんだよ。

お客様は『忙しい波動』に惹かれるから、『ヒマな波動』が出ている場所には近づこうとしないものなの。

場所だけじゃないんだよ。『ヒマな波動』は、ヒマな従業員、ヒマな時間からも出てくるの。

だから、最初は狭いところがいいの。それでうまくいったら、少し広くする。そうやってちょっとずつ、ちょっとずつ広げていくんだよ。

屏風とお店は広げすぎると倒れるんだよ」

一人さんの言うように、事務所は古いビルの一室に決めました。

「お店の場所なんか関係ない、むしろ不便なほうがいい」

ここでちょっと当時の『まるかん』の販売方法をお話しておきましょう。ふつう、通信販売というと、どこか一カ所に拠点をおき、オペレーターを雇って、電話やF

AX、郵便などで注文を受け付けるという方法をとりますが、『まるかん』のやり方は、それとは違っていました。はなゑさんは栃木、私は岐阜というように、都道府県ごとに担当地域を受け持ち、販売代理店を開きます。そして、新聞の折り込み広告などチラシをまいて、お客様からの注文を待ちます。

通信販売だけだったら、どんなに交通の不便な場所でも関係ないのですが、店舗販売もしていましたから、繁華街に事務所をもてれば、人も来やすく、お店の名前も人目につきます。

駅から十五分も離れていて平気だろうか、心配でした。資金があれば、繁華街に事務所をもちたかったところですが、一人さんの考えはここでも違いました。場所など関係ない、むしろ、不便なほうがいいと言うのです。

「考えてごらん。

たとえばラーメン屋が繁華街に店を出しました。路地裏に出すより成功する確率は高いよね。

ところが場所が悪いところにお店を出した人が、そこまで来てもらうために、味をよくしたり、感じをよくしたり、努力をしたとするじゃない？

『こんな遠いところまで足を運んでくれて、ありがとうございます』と、お茶の一杯も出してごらん。

ふつうはお茶を出したりしない本屋や薬屋でそれをやったら、それだけでお客様は感動してくれる。近くの本屋に行くより、遠くても、そっちに行ったほうが楽しいということになるよね。

それでお金がちょっと入ってきます。そうすると、いい場所に移る。悪い場所で成功したやり方で、いい場所に出たら、もっと成功するよね。

悪い場所で培ったノウハウで、チェーン展開したら、どこにお店を出しても大丈夫。ところが、最初からいい場所でやっていた人は、路地裏みたいな悪い場所にお客様を呼べるようなノウハウがない。ちょっとラクをすることが、逆に損になってしまう。

確かに人が来ないところでお店を成功させるのは、たいへん。だけど、若いときは、ふつうの人ができないような苦労をするのが楽しいときなんだよ。

野球でいえば、新人投手がイチロー選手や松井選手に向かっていくようなもの。草野球でいくら三振をとっても、あまりうれしくはないし、それ以上うまくはならないけど、イチローや松井に向かってボールを投げるだけでも楽しいじゃない？一生懸命努力して、イチローや松井に勝てるようになれば、世界のどこにいっても通用する選手になれる。商売も同じだよ」

商売に個性はいらない。真似《まね》が第一

「ゼロから始める商売に失敗はない」と一人さんは言いますが、さすがに通販業務未体験の私に、いきなり販売代理店をさせることはありませんでした。

岐阜に行くことが決まると、すでに『まるかん』の販売代理店を始めていたはなゑさんと、みっちゃん先生のところで修業をさせてもらったのです。

ここで商品の説明の仕方、電話の応対の仕方、発送方法など、一から教えてもらったのです。

このとき一人さんが言ったことにも驚きました。「はなゑさんやみっちゃん先生のところでやっていることを、一から百まで真似できるように頑張れ」と言うのです。

これは衝撃的でした。だって、それまで真似していいなんて言われたことはありませんでしたから。

というよりも、「人の真似をせずに、自分で考えなさい」とか、「個性を大事に」と、さんざん言われてきましたから。

みなさんも覚えがあるでしょう。人の真似をすると、「まねっこ、まねっこ」とはやしたてられたことを。

「自分で考えなくてもいいんですか」

と聞くと、一人さんはこう答えました。

「自分のやり方でやってきて、成功してるかい？　してないよね。

それは考え方が間違ってるからなんだ。

学校では個性を大事にと教えられたかもしれないけど、個性は、歌い方や服装、女性の好みとかに出すもので、仕事に出すものじゃないの。

だって、魚を釣るときは、みんなミミズやゴカイを餌にするだろう。そんなところで、『ぼくは梅干が好きだから』と、梅干を餌につけても絶対釣れない。

それと同じで、商人はお客様が喜ぶことをするのが仕事で、自分の好みを押しつけるものじゃないの。

とくに日本は、それほど地域差がない。ある地域で成功したことは、絶対ほかの地域でも通用する。

ファストフードのお店をみてごらん。地域ごとにやり方を変えてるかい？」

こう言われてから迷うことなく、真似をすることにしました。

わからないことがあれば、すぐはなゑさんやみっちゃん先生に電話して聞きました。

儲けるコツを隠さないから、もっと儲かる

でも、みなさん、気づきましたか。

真似ができるということは、『まるかん』の販売代理店同士では、隠し事がないのです。

チラシの貼り方一つでも、「ここに貼ったら、お客様が見やすかったらしくて、効果が上がった」などということまで教えてくれるのです。

それどころか、チラシを作るときは、全員が集まって、文章や地図の大きさなどを決めていくのです。

『まるかん』販売代理店の社長たちは、一人さんに「できるだけお金を使わずに商売を始めな」と言われているので、繁華街に事務所を設けた人は、一人もいません。

みんな、事務所があるのは路地裏の目立たないところ。

そんなところにもお客様に足を運んでもらうにはどうしたらいいかを考えて、チラシには地図を大きく書くことにしました。目印になる建物や店の名前は大きく、チラシの内容も一言一句こだわりました。

たとえば、社員旅行で休業するとき、ふつうは「社員旅行のため、○月○日から○月○日まで休ませていただきます」ですよね。

でも、『銀座まるかん』では違います。

「○月○日から○月○日まで社員旅行に行ってきます。○日にはお土産を用意して、みなさんのお越しをお待ちしております。楽しみにしていてくださいね」

シャッターが壊れて、半分閉まったままになってしまったときも、「シャッターが壊れています」ではありません。

「シャッターが壊れていますが、中で元気に笑顔でやっています」と書くのです。一枚のチラシや貼り紙の文句で、どれほど印象が変わるか、『まるかん』で、ものすごく勉強しました。

だから、たまに温泉に行って、そこで「ご入浴は、午前八時から午後十一時までです」などと書かれているのを見ると、無性に直したくなってしまうのです。

「午前八時から午後十一時まで、ゆっくりご入浴いただけます」と書かれているほうが、すごく得する気分になりませんか。

これも天国言葉の一つです。

販売促進のポスターを貼る場所にも気を使います。

お店の外と中に最低三枚。

お客様の目線より上に貼ったりしませんし、やっと読めるぐらいの小さい文字など、もちろん書きません。

でも、そのポスターを貼って三日たつのに、貼る前と売り上げが変わらなかったら、貼る場所を変えてみます。それでもダメだったら、また変えます。

何度変えても効果がなかったら、今度は内容を変えてみます。

こうしていくうちに、どういうところに貼ったらいいのか、どういう文句で書いたらお客様の心に訴えることができるのか、わかってきます。

『まるかん』の社長たちの何よりすごいところは、こうした情報を自分一人のものにしないこと。

わからないことを、だれに聞いても、気持ちよく教えてくれるのです。

「使い切った知恵は、どんどん手渡していくともっと豊かになることができるんだよ」

「結婚披露宴に出ると、キャンドルサービスをやるよね。

一つのろうそくを二人で持って、お客様のテーブルにろうそくをつけながら回っていく。

で、光を分けたから、二人が持っているろうそくの光が弱くなるかというと、そんなことはないよね。ただ、光が増えるだけ。

世の中を明るくするのも、そういうことなんです。

自分がうまくいった智恵があれば、ほかの人にも教えてあげる。そうすると、その人もうまくいくようになって、みんなが豊かになるよね。

たとえば、売り上げを百万円から三百万円にした知恵がある。その時点で、もうその人には、その知恵は必要じゃないよね。

使い切った知恵はほかの人に手渡しても自分は損なんかしないはずなのに、教えないのは、いつまでも自分がトップでいられると思うから。

こんな貧乏臭い考え方をする人は、必ず貧乏になります。

逆に、自分がもう使わなくなった知恵は、ほかの人にどんどん手渡していくと、その人は天から、さらに売り上げを伸ばす知恵を授けられ、もっと豊かになることができるんだよ」

実は、隠し事をしないというのも、天国言葉の応用なんです。自分だけ得しようなんて思ったら、「あいつばっかり得をして」とか、「うちはどうなるんだろう」とか、不平・不満や、悪口・文句、心配ごとなど、地獄行きの言葉が周りから出やすくなりますよね。

言葉には毒があるから、そんな言葉を吸い込んでいると、自分まで病気になっちゃう。

社長たちは月一回会議で集まりますから、周りの人が地獄行きの言葉を言うような状況を作ることは、自分にとっても損なのです。

だから、『まるかん』では隠し事はいっさいなし。

恵美子さんやはなゑちゃん、みっちゃん先生、芦川勝代さん、のぶちゃんや真由美ちゃん、忠夫ちゃんなど、ほかの社長たちも、一人さんの「顔のツヤと、キラキラと、天国言葉」を実践していますから、私が何か聞いてもイヤな顔一つせず教えてくれます。

月に一度、全国から社長たちが集まったときなど、キラキラピカピカでまぶしくて、目も開けていられないくらいです。

そんな社長たちからは、アドバイスと同時に、たくさんのパワーをもらいました。

それに顔にツヤを出して、キラキラしたものを身につけて、天国言葉を使っていると、お客様がどんどん入ってくるのです。

だって、考えてもみてください。

くすんだ顔をして、不景気そうな暗い色の洋服を着た人が、いくら「このサプリメントを飲めば元気になる」と言っても、全然説得力がないじゃないですか。

お客様にも、ツヤとキラキラと、天国言葉のことを教えてあげると、すごく喜ばれるんです。

おっちょこちょいの私でも、商売がうまくいくようになったのは、ツヤとキラキラと、天国言葉、そしてみんなのおかげなのです。ありがとう。

「わからないことがあったら、人に聞けばいいんだよ」

私が一人さんの弟子になって、『まるかん』の仕事をするようになって二十数年がたちます。

最初は通信販売、次は直営店、十年位前からは特約店が中心になるなど、商売のやり方が変わってきましたが、「顔のツヤと、キラキラと、天国言葉が大事」だと、ずっと言われ続けてきました。

その次に言われたことは、「わからないことは、なんでも人に聞きな」でした。

「わからないことは、いつまでたってもわからないんだから。

わからないことがあったら、人に聞けばいいんだよ。どうして聞けないの?」

と、一人さんはよく言います。それはそうなんですが、最初は抵抗がありました。見栄、でしょうか。実力以上に自分を見せたい見栄。

そんな私に一人さんはこう言いました。

「でも、いくら大きく見せようとしても、その人の『目方』は変わらないよね。

綿の一キロは大きいけど、鉄の一キロは小さい。でも、一キロは一キロ。人間が持っている実力もそれと同じ。

いくら大きく見せても一キロは一キロ。だけど、だれかが困っているとき、オレが助けてあげるとすると、オレの力も、その人の目方になるの。

オレがジュンちゃんに、『そのやり方じゃなく、このやり方でやってみな』と言うよね。

ジュンちゃんが素直に言うことを聞いたら、ジュンちゃんはオレといっしょに秤《はかり》に乗っていることになる。

だけど、人に聞かない、言われても素直に従わなかったら、ジュンちゃんの目方はいつまでも増えない。それだけのことなんだよね」


素直な人ほど、目方が増える……これは、よくわかります。

今、特約店さんと仕事をしていますが、どの特約店さんにも楽しみながら儲けてもらいたいと思うから、これまで自分がやってきたことで、効果があったことを教えるわけです。

素直に聞いてくれる特約店さんがほとんどですが、中には、こちらがいくら言っても、自分のやり方を変えない人もいます。

「あ〜あ、もったいないな」

と思うのと同時に、こちらも未熟な人間ですから、

「聞きたくないなら、別にいいや」

という気持ちにもなってしまいます。

損しますよね、素直じゃないということは。

もちろん、だれかれかまわず言うことをきいても、役にたたない意見では、自分の実力を増やすことはできません。

たとえば、私がハンコ屋の先輩の言うことを聞いて、会社を作ったとしても、うまくいかなかったことでしょう。


「本当に信頼できる人間かどうか見分けるためには、修行が必要なの。

二～三回、失敗すれば眼力が出てくる。その眼力を養うためにも、人には聞かなくちゃダメ。

暗い道を歩いていて、パッと殴られたとするでしょう。二～三回そんなことがあると、歩いていても、暗闇に人が隠れているだけでも気配でわかる。

それが人間の万物の霊長たるところ」

私は一人さんや仲間の社長たちのおかげで、目方をかなり増やしてもらいました。

運がいいなぁ、ついてるなぁと思います。

第三章

「まさか」という坂に気をつけよう

「眉間《みけん》にシワを寄せると人を幸せにしてくれる第三の目が閉じてしまうんだ」

「顔のツヤと、キラキラと、天国言葉」を実践していたおかげでしょうか。生まれて初めて「経営者」になった私でも、驚くくらいスムーズに業績を伸ばすことができました。

お調子のりで、おっちょこちょいの私がそれだけの業績をあげることができたのは、まさに奇跡でした。

運がどんどんよくなって、自分の実力以上のことができていたのだと思います。

でも、ほら、なんといっても調子にのりやすく、おっちょこちょいですから、「これは自分の力」と錯覚してしまうんですね。錯覚しました、私。

本当は運がいいときに、それに見合う実力をたくわえなくてはいけないのに、そんなことをすっかり忘れていたのです。そんなときに用意されているのが、一人さんいわく、「まさか」という名前の坂。そこに一歩足を踏み入れると、まっさかさまに転げ落ちるという、お調子のりがもっとも気をつけなければならない坂です。

何度も足を踏み入れそうになりました。

一人さんから、「ヒマな従業員からはヒマな波動が出る。人を雇うのは、『もうこれ以上一人ではできない！』と思う、ギリギリのときだ」と言われていたので、睡眠時間を削って働く日が続いていました。顔つきだって悪くなっていたでしょう。あるとき一人さんに言われました。

「ジュンちゃん、第三の目が閉じてるよ」

えー⁉　第三の目ってなに？

「怒ると眉間にシワが寄って、目と目の間が縮まるよね。『第三の目』というのは、この眉間にある心の目のことで、縦についてるの。この目は、物事の本質を見抜く、この世の大切なものを見ることができる、人を幸

せにしてくれる目なんだよ。ところが、眉間にシワを寄せていると、そのシワにはさまれて、目が閉じてしまうんだ。幸せになるために必要なものが全然見えなくなるから、いいアイデアも出てこないし、人ともうまくいかない。眉間を広げて、口をへの字じゃなくて、横に広げてみな。運勢がよくなるよ」

思わず眉間に手をやりました。確かにシワがあります。そこを広がるようにゆっくり指先でなでてみました。そうするとキュッと縮まっていた顔が、フワーッと広がっていくように感じるのです。

以来、怒りたくなると、まずここを触って、第三の目が閉じていないか確認します。そうすると、気持ちがスーッとおさまって、

「ああ、前もって言っておかなかった自分が悪いんだ」と思えるんです。

「本当は失敗なんかないいんだよ」

そういえば、考えてみると、私が一人さんに怒られたことなんて、ないんです。こんな未熟者の私なのに。

一人さん、感謝してます！

「オレは怒ったりしないいんです。だって、オレより未熟だから、弟子になったわけだから。

ふつうの人は失敗すると思うから怒るんだろうな。

でも、失敗することばかり考えていたら、絶対明るい顔なんてできません。性格もどんどん暗くなる。

そのうえ、失敗を恐れて気持ちが萎縮するので、いいアイデアも浮かばなくなる。

どんどん失敗の深みにはまっていっちゃう。

だから、失敗することなんか考えないほうがいいんです。

それに、失敗、失敗といってるけど、本当は失敗なんかないんだよね。

電球を発明したエジソンは、電球のフィラメントに合うものを探して、数限りなく実験を繰り返して、とうとうフィラメントに最適の竹を発見したんだけど、エジソンは失敗なんて一度もしてないと言ってるの。

『私は失敗なんて一度もしていません。フィラメントに適していない物質をいくつも発見しただけです』

なんでもそうなの。失敗だと思っていることは、失敗じゃなくて、目的に向いてないやり方を見つけただけ。

次からはそれをしないようにしようと思えば、それだって活きてくるわけだよね。

失敗なんてないんだと思えば、怒る理由なんてないし、何をやるんでも楽しくなってくる。

『怒られるんじゃないか』なんてことに神経を遣わないから、仕事にも集中できる。

いいことづくめです」

その後、私も人を雇うようになりましたが、一人さんのこの言葉はいつも肝に銘じています。

一緒に働いている人たちも「ジュンちゃんと仕事ができて楽しい!」と思ってくれているといいんですけど、どうでしょう。

三十五歳で岐阜県の長者番付に載った私

岐阜で仕事を始めて八年ほどたったころには、岐阜県の長者番付に名前が載るまでにもなりました。

このとき、千葉純一、三十五歳。奇しくも、私が弟子入りをお願いしたときの一人さんの年齢です。感慨深いものがありました。

で、長者番付なんかに載ると、来るんですね。

「ゴルフ会員権、買いませんか」

というお誘いが。

うれしかったです。ああ、とうとう認められたと。だって、ゴルフクラブの会員になるなんて、ステータスを手に入れるみたいなものじゃないですか。

「買っちゃおうかな」と思いました。今まで頑張ってきたんだから、自分へのご褒美《び》だって。

自分で言うのもナンですけど、本当によく働いたと思います。

岐阜には柳ヶ瀬という繁華街があるんですけど、お店を開いてから何年かは足を踏み入れなかったですもんね。

初めはそんな余裕がなかったからだけど、少し余裕が出てきてからも、遊ぶお金があったら、商売に使わなきゃって。

でも、もういいだろうと思ったんです。おつきあいもあるだろうし、ここらでゴルフでも始めようかなと。

そう。それまでゴルフ、やったことがないんです。それなのに会員権を買おうと思うこと自体、バカですよね。

毎日、ゴルフクラブのパンフレットを眺めて暮らしました。そこでプレーする自分の姿を想像しながら。

ゴルフ用品のカタログまで取り寄せて、「どれにしようか」なんて考えてるんですから、完全に舞い上がっていましたね、あのころは。

さすがに高い買い物ですから、悩みもしました。「いいんだろうか、本当に」って。でも、誘惑には勝てないものですね。

明日契約しようと、決心を固めたとき、一人さんから電話がかかってきたんです。

「ジュンちゃん、高額納税者の番付入り、おめでとう」

商人が「まさか」に踏み入れやすいのは、そこに「名誉」という矢印が見えたとき

ああ、一人さんも喜んでくれてるんだなと思いました。そして、こう続けたときには、本当に驚きました。

「ああいうのに載ると、やれ、ゴルフの会員権を買えとか、株を買えとか言ってくるけど、ダメだよ、買っちゃ」

なぜ、わかったんでしょう。一人さんは東京にいるというのに。

「この世の中は上り坂と下り坂だけじゃない、『まさか』という坂があるんだよ。上っていけば素晴らしい幸せが待っているだろうと、どんどん上っていくと、その途中に『まさか』がある。

その坂に一歩足を置くと、それこそまっさかさまに奈落の底に落ちていく。そし

て、『まさか、こんなことになるとは…』と。

下り坂を歩いているときは用心深く注意しているから、『まさか』に踏み出すことはほとんどないんだけど、調子にのって上り坂を歩いているときが、いちばん危ない。

商人が『まさか』に踏み入れやすいのは、そこに『名誉』という矢印が見えたとき。

ゴルフクラブ会員権なんて、まさにその典型。名誉がほしくて、必要のないものまで買わされちゃう。要するに見栄なんだよ。

これと同じようなことに、『地元の商店街の役員に』とか、『○○○クラブの会員に』という話があるけど、そんなのを引き受けるのも名誉欲なの。

そのうちゴルフに夢中になったり、○○○クラブの仕事で忙しいなんていうことになって本業がおろそかになっちゃう。

もちろん、地元の商店街のつきあいは大事だし、ゴルフだって、やりたければやってもいい。だけど、それは○○○クラブに入ったり、会員権を買わなくてもできることなんだよ。

ゴルフがしたければ、そのたびにお金を払えばいいんだよね。会員権を持っていたら、ゴルフをするなら、あのゴルフ場って決まっちゃうけど、持っていなければ、好きなところでゴルフができる。

だとしたら会員権はいらないよね。

それに会員権はどういうことで値段がついているかというと、土地の値段なんだよね。

土地の評価が下がったら、会員権は紙くず同然になると決まっている。

お金は商人にとって血液と同じ。

たとえば一本百二十円のウーロン茶がある。これを一人のお客様に売ると、茶葉を栽培している人、缶を作っている人、全員が儲かるよね。

そして、商人は自分の店の人たちに給料を払うこともできる。そのうえ、税金も払って、日本をよくし、もしかしたら海外の人にまで恩恵を与えることができるかもしれない。

そんなに大事なお金を紙くず同然にしていいの?」

こう言われて、自分の勘違いに気づきました。

私はお金持ちになりたかった。

高校を卒業して、父親と始めた『文具の千葉』が失敗して、多額の借金を抱え、車が大好きなのに、自分の車をもつなんて、夢のまた夢。サラリーマンでは稼ぐ金額もたかがしれてます。

「このままでは終わらない」と思っていたのも、「もっとお金を稼ぎたい」という気持ちがあったように思えます。

お金が何もかもを解決してくれるような気がしたから。

子供のころ、『アラジンと魔法のランプ』という童話を読んだことはありませんか。

アラジンが古びたランプをこすると、中からランプの精が現れて、「三つの願いをかなえてやろう」と言う。

子供心に、もし今ここにランプの精が現れて、そう言ったら、どんな願いごとをしようか考えませんでしたか。焼肉をおなかいっぱい食べたい。プラモデルを好きなだけ買いたい。プールつきの家がほしい……いろいろ考えた挙句、思うのです。

「なんだ、お金があれば、なんでもかなうじゃん。だったら、世界一の大金持ちにしてもらえればいいんだ」

「おまえはいったいいくつなんだ」と、我ながら自分の発想に突っ込みを入れたくなりますが、ゴルフ会員権を買おうと思ったのも、それと同じ。

お金があったら、なんでもできる。ゴルフ会員権だって買えるんだと思ったからでした。

「一つでも手に入らない人が、いくつもほしがるから一つも手に入らないんだよね」

そんな私の気持ちを見透かすように、一人さんは言いました。

「お金持ちって、お金を持っている人のことを言うんだよね。

それなのに、よく聞いていくと、地位もほしい、名誉もほしい。いったい何がほしいのか。

一つでも手に入らない人が、いくつもほしがるから一つも手に入らないんだよね。

大きな象も、ライフルの弾一つで死ぬ。

ライフルの火薬を出してみると、『これで象が死ぬの？』と思うくらい少しなの。

その火薬を広げて火をつけると、ボッと燃えて終わり。

ところがその火薬を圧縮して、ライフルに詰め、一点を狙ってドンと撃てば、大きな象も倒せる。

お金を手に入れるのも、それと同じなんだよ。

お金がほしいなら、お金だけを手に入れようとすればいい。

お金を手に入れる前から、『車もほしいんです』『家もほしいんです』『女にもてたいんです』なんて言ってるのは、『一発の弾で象三頭を倒したいんです』と言ってるのと同じ。

できないんだよ。

江戸時代の商人は、地位と名誉を侍に、家柄は公家にあげた。私たちはそんなものはいらないから、現金をくださいと。

せっかくお金を手に入れても、土地を買っちゃったりするから、お金がなくなっちゃう。

金持ちになりたいなら、金持ちになればいい。

地位や名誉をほしがって、政治家についたりすると、いいようにやられちゃう。

地位と名誉がほしければ、政治家になればいい。

その代わり、政治家がお金を求めたら逮捕されるよ」

ビルのオーナー……いかにもお金持ちそうじゃありませんか

ゴルフ会員権で目が覚めたはずの私でしたが、その先にも「まさか」はいろいろなところで私を待ち受けました。

次に現れたのは銀行マン。私に自社ビルを建てないかと言うのです。

当時は通信販売中心だったので、私の店ではオペレーターだけで六十人。かなり手狭になっていたことは事実でした。

彼はこう言いました。

「まるかんさんなら信用はあるし、いくらでも融資しますよ」

こう言われるのは気持ちのいいものです。『文具の千葉』をやっていたころは、こちらからどれだけ頭を下げても融資してくれなかった銀行が、今度は頭を下げてやってくるんです。

これには心が揺れました。

ゴルフ会員権は、言ってみれば自分のためのものですが、自社ビルとなれば会社全体のことです。

このころには、もう東京に戻らず、ずっと岐阜で暮らしていくことに決めていましたから、ビルの一つも建ててもいいような気がしたのです。

当時はバブルの影響で土地がどんどん値上がりしていたころ。ここらで土地やビルを買えば、一気に資産倍増。買い時は今だ！　そう思いました。

市の中心部、交通至便のところなら、将来、値上がりは確実……などと冷静なことは考えていませんでした。

ビルのオーナー……いかにもお金持ちそうじゃありませんか。

早速どんな物件があるのか、不動産屋に相談し、見て回りました。そして、見つけたのです。

岐阜駅から徒歩十五分。五階建ての築浅ビル。これなら二フロアぐらい賃貸もできそうです。いい物件だけに、価格もかなりでしたが、銀行が融資してくれると言っているのです。この機会を逃すテはないでしょう。

こういう物件が足が速いという不動産屋の口車にのせられ、とりあえず手付けをうとうと思いました。あとは銀行との交渉です。

ここでも不動産屋が、

「まあ、まるかんさんなら心配はいらないでしょう」

などと、うれしいことを言ってくれるわけです。善は急げ。銀行に行く支度をして事務所を出ようとしたときです。

一人さんから電話がかかってきました。

商売でお金を儲けるのが商人道

「ジュンちゃん、そろそろ銀行が融資の話を持ちかけてくると思うけど、銀行の話にのっちゃいけないよ」

ゾーッとしました。ゴルフの会員権のときといい、今といい、恐るべきは一人さんの千里眼です。

一人さんは言いました。

「ジュンちゃん、お金を借りる必要なんて、ないだろう」

こう言われて、私はハッと気がつきました。

一人さんは借金が大嫌い。だから、『銀座まるかん』では、すべて現金決済です。手形決済はいっさい行いません。

手形を使うと、決済されるまでの期間、借金をしているのと同じことになるので使わないのです。

私は持っていますが、一人さんはクレジットカードも持っていません。これも短期の借金になるからで、借金からは借金の波動が出るというのです。

そんな一人さんに向かって、「自社ビルを建てるために銀行から融資を受けようと思っていた」なんて言えません。

「いいかい、ちょっとお金が手に入ったからといって、ビルや土地を買ったりしちゃいけないよ」

「ああ、やっぱり。借金はするなということなんだ」

と思いながら、一人さんの話を聞いていました。でも、一人さんが「いけない」というのは、借金してはいけないというのと、別の意味も含まれていたのです。

「オレたちから、商品を買ってくれているのは、毎日一生懸命働いて、自分の家を建てようと頑張っているサラリーマンの人たちなんだ。

そんな人たちから集めたお金で土地を買って、それで土地の値段が上がったら、その人たちは家が建てられなくなってしまう。

お客様から集めたお金で、お客様に迷惑がかかるようなことをするのを、天に唾《つば》するって言うんだよ。

お客様が困るようなことをしてはいけないんだ。

商売でお金を儲けるのが商人道。道を誤ると、天から罰を受けるよ」

本当にそのとおりでした。またもや私は、「まさか」の坂を転げ落ちる一歩手前で一人さんに救われたのです。

「商人は商人がいちばんカッコイイと思っていないとダメなの」

「ジュンちゃん、ひょっとして商人はカッコ悪いと思ってないかい？」

一人さんにこう聞かれたのは、「銀行融資事件」があって、しばらくしたときでした。

サラリーマンになりたくなくて、高校卒業後、おやじが始めた商売を手伝い始めた私ですから、商人がカッコ悪いなんて思ったことはありません。

今度ばかりは一人さんは勘違いしていると思いました。


「商人は、商人がいちばんカッコいいと思ってないとダメなの。そうしないと必ず『名誉欲』で『まさか』の坂を転げちゃうんだよ。

『ゴルフ場の会員権を持ってるのか、カッコいいな』『ビルのオーナーか、すごいな』とか言われたくて、買っちゃうこともあるし、『テレビに出てみませんか』なんて言われて、いい気になっちゃう。

そうやっていくうちに本業がおろそかになっていくんだよ。

いいかい、オレたちは商人なんだ。

人間には一人一人立場があるの。その立場が貫き通せるかどうかが成功するかしないか、カッコよく生きられるか生きられないか、の分かれ目なの。

農家の人は『この国、最古の職業は農業だ。自分たちが作物を作らなかったら、日本中の人が飢え死にする』と、自信をもって、ひたすらおいしいものを作るために畑を耕す。

大工さんは、『どんな金持ちでも、家がなければ外で眠らなくちゃいけないでしょう』と、ひたすらいい家を建てる。

オレたち商人は、ひたすらお客様に喜ばれるものを売る。みんなそれぞれの道がある。それで儲ければいいの。

商人が銀行からお金を借りてビルを建てたりしちゃいけないんだよ。見栄だけで株式会社にするのもダメだよ。

オレたちの仕事は個人商店で十分なの。それで立派に仕事をすれば、大会社じゃなくて、『大個人』になれる。

そのぐらいのプライドをもって商人をしてなきゃダメだよ」

一人さんは、私がお調子のりの、ええカッコしいだから、ちょっとお金を手にすると、どんなことをするかわかっていたのです。

確かに『文具の千葉』をやっていたときは、友だちに、「どこに勤めてるの？」と聞かれても、「まあ、ちょっと」などと口を濁し、おやじと商売していると胸を張って言えませんでした。

プライドをもって仕事をしていないのですから、うまくいかないのも当たり前です。『まるかん』の仕事をするようになってからは、商人をカッコ悪いと思ったことはありませんでしたが、「いちばんカッコいいと思っているか」と聞かれたら、ちょっと口ごもってしまったかもしれません。

だからこそ、「ゴルフ会員権のオーナー」「ビルのオーナー」という言葉に、あれほど簡単にひっかかったのだと思います。

学歴なんか関係ない、自信を持って生きることなんだ

「ジュンちゃん、もしかしたら、銀行に勤めている人のほうが商人よりカッコいいと

思ってないかい？」

一人さんにこう言われて、改めて考えてみると、確かにそういう劣等感みたいなものはあります。向こうは大学出、こっちは高校出。

学歴なんか関係ないと思っていても、やっぱりどこかで「大学を出た人は偉い」みたいな、なんていうか「負けてる」という感じがしてしまうのです。

だから、「借りてくれませんか」と言われているのに、「貸していただく」感があるのです。


「でも、ジュンちゃん、知ってると思うけど、オレは中学しか出てないよ。大学に行きたい人は行けばいいけど、オレは自信があるから中学までなの。以前、短大を出た女の子が、『私は短大を出たから、高卒の子より給料が二万円多いの』と言ったことがある。確かにその差は大きいよね。

でも、短大を卒業するのに二年かかる。その間、毎月二万円ずつ貯金したら、いくらになると思う？

しかも短大に行っている二年間は働けないし、授業料だって払わなくちゃいけない。得しているように思っているかもしれないけど、金銭的には損しているんだよ。同じ時期に会社に入ったのに、人よりお給料を多くもらうと、偉くなった気がするよね。だけど、ちゃんと計算してみると、そんなことはないんだよ。短大に行きたい人は行けばいい。でも、得じゃないんだよ。大事なのは、大学を出た人は、『大学を出てよかった』、中学を出て働いている人は、『中学しか行かなくてよかった』と思うこと。自信を持って生きることなんだ」

一人さんのこの話を聞いてから、学歴を気にすることは、まったくなくなりました。もう、正真正銘まったく、全然。

それにしても、自分でも気がつかないくらいの小さな気持ちでも、それがトゲのように刺さっていると、思わぬところで出てしまうものなんですね。

今、私は『千葉商店』の社長。

株式会社にすることは、これからもないでしょう。自分の住む家は岐阜に建てましたけど、もう自社ビルを持ちたいと考えることもないと思います。

あれ以来、自分ではかなり用心して、「まさか」の坂を避けていると思えるのですが、どうでしょう。

人類みな商人、それに気がつけば世界はもっと平和になるのに

そういえば、一人さんがこんな話をしてくれたこともありました。

「ジュンちゃん、銀行員と商人は違うと思っているかもしれないけど、サラリーマンも自分の能力を時間で会社に売っていると思えば商人なんだよね。

世界中、いろいろな国があるけど、どの国も何か輸出してるよね。だから、みんな商人の国なんだよ。

それに気がつけば、世界はもっと平和になるのにね」

たとえば、ゴタゴタが続いている中東とアメリカ。中東の国はアメリカに石油を輸出し、アメリカは中東に車を輸出しています。

そう考えれば、確かに、両方とも商人の国。どちらもお互いの国のお得意さまです。

「そうだろう。

商人だって自覚をしていれば、お客様にミサイルを落としたりしないよね。会社員だって同じだよ。自分が商人だってことを忘れているから、上司の悪口を言ったりする。

自分が商人だと思えば、上司の機嫌をとるなんて当たり前。会社にいる間だけじゃない。立派な商人になるためには、会社が終わったあと、そこんちにあがりこんで、ごはんの一杯も食べてくるようにならないと」

そうです。商人は敵なんか作りません。一人でも多くの人にお客様になってほしいのですから、ツヤツヤした顔に笑顔を絶やさず、キラキラのアクセサリーをつけて、自分が浴びた光を少しでも多くお返ししようと思っています。

お客様にも運がよくなってほしいから、天国言葉は商人必須の言葉。

「商人的な発想ができれば、いくさだって勝つことができるんだよ。

ジュンちゃんが好きな秀吉が天下をとったのも、商人感覚でいくさをしたからなんだよ。

秀吉は逃げてくる敵方の人間をつかまえて、『よく頑張ったな』と、お金を渡したり、うまいものを食べさせたんだよ。

そうしたら、敵方の人間に、『秀吉さんが攻めてきたとき、逃げていくとお金をくれて、国に帰してくれるらしいよ』という話が広まって、どんどん逃げていっちゃった。

商人が武器にするのは知恵だからね。自分の才覚で生きてきた商人といくさをしても勝てるわけがないんだよ」

商人の気持ちになって仕事をすると、楽しいですよ。

サラリーマンだって、売り物が自分の能力だと思っていたら、仕事に手が抜けなくなるでしょう。なんて、サラリーマン時代は、いかにさぼるかを考えていたジュンちゃんも、変われば変わるものです。

「お先にどうぞ」の精神で

ゴルフの会員権やビルを買おうとは思わなくなりましたが、車だけはどうしても諦め切れません。

なんといっても、一人さんの弟子になったのは、カッコいい車に乗りたいと思ったから。カッコいい車は、私の夢でもあります。

いよいよ車を買おうと思ったとき、一人さんから言われたことがあります。

「ジュンちゃん、外車を買ってもいいけど、外車に乗るなら、ぶつけられたぐらいで怒っちゃいけないよ。

怒るぐらいなら、電車にしなよ」

「なんで?」って、思いますよね。

私は昔から大の車好き。大きなアメ車も大好きだし、ヨーロッパのスポーツカーにも憧れます。憧れの車を一台でも買うことができたら、一日中ガレージで車を磨いていたいくらい。

そんな大事な車に傷でもつけられたら烈火のごとく怒って当然……。そう思いませんか。

ところが一人さんは、こう言います。

「ジュンちゃんは一生懸命働いて、好きな外車に乗れるようになった。

でも、世の中にはまだ好きな車に乗れない人がたくさんいるんだよ。

自分が顔晴《がんば》って車を手に入れたんなら、今、顔晴《がんば》っている人の気持ちもわかるだろう。

高級な車は修理代も高いよね。数十万円とか、かかることもある。でも、昔の自分がそんな修理代、出せたかい？

自分がお金のなかったころのことを忘れて、昔の自分と同じ立場の人をいじめるようなやつは、高級車に乗っちゃいけない。

数十万円かかろうが、いくらかかろうが、自分の車の修理代ぐらい、自分で出しな。それから道を走っているとき、後ろからトラックがきたら、道を譲ってやりな。トラックは仕事で走っているから急がなきゃならないんだよ。

ドライブで走っているときは別に急がないだろう。だったら、譲ってあげるの。高級車に乗っていると、つい自分が偉くなった気がして、だれにも道を譲らない人がいるけど、あれはカッコ悪いからね。

お金を持つと、偉くなったような気がして、威張る人がいるけど、威張るためにお金持ちになるわけじゃないんだからね。

お金を持ったからといって、絶対威張っちゃダメだよ」

お金を持って威張ったら成金。

それは「キラキラ光るものを身につけなよ」と一人さんに言われ、「成金みたいになりたくない」と言った私に、一人さんが教えてくれたことでした。

そのときは「なるほど！」と思ったものですが、ダメですね。肝心のときに、忘れている。

おかげで、ちょっといい車を買えるようになった私ですが、すれ違えないような細い道では、必ず止まって、向こうから来た車に通ってもらい、交差点で鉢合わせしたら、向こうの車に先に行ってもらう。

昔、一台でも前にと思って走っていたころに比べたら、私の運転もずいぶん変わりました。こうやって走ると、イライラがなくなり、運転も楽しくなるんです。

修理代の負担はちょっときついですけど、人と争わなくなった分、毎日穏やかに暮らせるようになったのも確かです。

第四章

人は神に可愛がられている

自分の仕事が「みんなを幸せにする」と思っているから楽しい

私は今、毎日とても楽しく仕事をしています。

なぜ楽しいのかというと、自分の仕事がみんなを幸せにすると思っているからです。

私が売っているのは『まるかん』のサプリメントです。私も飲んでます。手前味噌ですが、飲んでいると、本当に体の調子がいい。

これは、みんなにも飲んでほしいと思うわけです。

食事のバランスのことも勉強しましたから、「調子が悪いな」という人の相談にのることもできます。

一人さんに教えてもらった「顔のツヤをよくして、キラキラ光るものを身につけて、天国言葉を口にしていると、運が開けるよ」などということも、伝えることができます。

そうして、サプリメントを買ってくれた人から、「おかげで体の調子がよくなった。ありがとう」と感謝されたり、「運が開けて、毎日がとても楽しい。感謝してます」なんて、お礼を言われます。

こんな幸せなことって、ありませんよね。

じゃあ、幸せになるためにはサプリメントを売ればいいのかというと、これはちょっと違うと思います。

どんな仕事だって、人を幸せにしてるんです。レストランのコックさんは、みんなにおいしい料理を食べてもらって、幸せにしているし、トラックの運転手さんが時間どおり品物を届けることで、私たちは新鮮な食品や生活に必要なものを買うことができるのです。

みんな幸せな気持ちになっていいはずなのに、そうはならない。

かく言う私も、ハンコ屋のときはそうでした。あのときは、自分がどんな仕事をしているのか、わかっていなかった。もちろん、ハンコを売るのが仕事だということは、わかっていました。

でも、そのハンコがどう役に立つのか、ハンコがないとどうなるのかなんて考えていませんでした。

「商いというのは尊い仕事なんだよ」

自分がどんな仕事をしているのかわかると、一生懸命やろうという気持ちになります。で、一生懸命やると楽しいんですよ。

以前は、ブツブツ文句を言い、「絶対このままでは終わらない」と思って、夜も眠れなくなるくらい焦ったり、不安だったりした私ですが、今はぐっすり眠っています。

こんな私に、一人さんは次のような話をしてくれたことがありました。

「黄河文明が栄えていたころ、中国に『商』という国があったの。ところが戦争で、その国が負けて、国がなくなっちゃったの。

そこで、商の国の人は、道端にものを置いて、売り始めたの。壺作りがうまい人は壺、機織りがうまい人は布、野菜作りがうまい人は野菜というようにね。

それで、ものを売る人のことを商人と呼ぶようになった。

でも、商売自体は、もっと前からあったんだよ。

狩りがうまいやつは自分が仕留めた獲物を、作物を育てるのがうまいやつは穀物を、それぞれ物物交換してた。

で、この交換のときにインチキがあってはいけないから、必ず高い木の下でやってたの。昔から依代《よりしろ》といって、高い木には神様が降りてくると言われていたから。

よく神社に高い杉の木とか、あるでしょう。あれは神様が宿る木があるところに、神社を建てたからなんだよ。

だから、商いというのは神ごとなの。商人は、そういう尊い仕事なんだよね。

だから、商人がいちばん偉いというんじゃなくて、どの仕事にも、必ずそういう意味みたいなものがあるんだよね。

自分がやっている仕事は、もともとどういうところから始まったか調べてごらん。

そうしたら絶対『こんな素晴らしい仕事だったんだ』と思えるようになる。
自分の仕事の素晴らしさに気づいたら、幸せになれるよ」

「とにかく必死になって、やってみな。絶対何か見つかるから」

私が一人さんの弟子になる前、「このままでは絶対終わらない」と思いながら、悶々と過ごしてきたことは、何度も言いました。

現在、ニートといって、学校を卒業しても働かない人が増えているようですが、この人たちも、以前の私と同じなのかなと思います。

私の場合、おやじが『文具の千葉』を始めて手伝いが必要だったこと、『文具の千葉』が倒産したあとは、その借金を返すために働かなくてはならず、ニートではありませんでしたが、やりたいことが見つからないということでは、同じだったと思います。

やりたいことが見つからないから、どこの会社にも就職したくない。どこに入っても幸せじゃないような気がするんですよね。でもね、違うんです。

私は『まるかん』の仕事を始めましたが、正直言って、『まるかん』の仕事がどんなものか、あまりよく知りませんでした。

何をするかということより、一人さんの弟子になりたかったんです。

この違い、わかりますか。手探りで始めた仕事だけど、始めてみたら面白い。

もちろん、最初からじゃありません。初めは、ただ必死なだけ。ここでダメだったら、ほかに行くところがないですもん。というか、どう生きていけばいいのかさえ、わからなくなる。

必死で働いたおかげで、人も雇えるようになった。

そうしたら、思うように働いてもらえない。挫折もしました。でも、そうしているうちに楽しくなってきたのです。

もちろん、一人さんや『まるかん』の社長たちに、いろいろ教えてもらったからだけど、やっぱり必死になってやったからじゃないかと思うんです。

必死にやらないと、だれも教えてなんてくれないしね。

だから、今、「やりたいことが見つからない」という人に、これだけは言いたい。

顔にツヤを出して、キラキラしたものを身につけて、天国言葉を口にして、とにかく必死になって、やってみな。絶対何か見つかるから。

一人さんも、こう言ってます。

天職というのは、仕事をしながら見つけるもの

「よく天職というよね。

天が自分に与えてくれた仕事。自分にぴったり合った、これをやるために生まれてきたんだという仕事。

なんか華々しい仕事を想像するだろうけど、天職って、実は、そんな華々しいものじゃないの。そして、天職を探していると、たいがい外れちゃう。

じゃあ、どうやって天職を見つけるかというと、今の仕事を一生懸命やるの。もし、そのときの仕事が天職でなくても、一生懸命やっているうちに絶対天職が見えてくる。

天職は井戸と同じで、ある程度掘ってみないとダメなの。

劇的に歌がうまいとか、足が速いという人もいるけれど、そういう人は、金の鉱脈が地面から飛び出しているようなもので、ほとんどの人の鉱脈は地下に埋まってるの。

それを掘り出すために、とにかく今の仕事を一生懸命やる。

天職が見つからないからって、何も仕事をしないのは、泳げないから泳がないと言っているのと同じで、そういう人が絶対泳げるようにならないように、絶対見つからないの。

だって、陸の上で『泳げない、泳げない』と言っていても、泳げるようにならないだろう。

天職というのは、仕事をしながら見つけるもの。これだけは覚えておいてね」

人に喜ばれることをすると、天が味方する、世間が味方する

もちろん、その逆もあります。自分はこれが天職だと思っているのに、だれも認めてくれない。

ミュージシャンになりたいのに、スカウトの声もかからないし、インディーズでアルバムを出しても、全然売れない。

自分では「この絵のすごさをわからないのはバカだ」と思っているのに、いくら展覧会に出しても、全然入賞しない。ゴッホやゴーギャンの絵が死んだあとから認められたように、自分は二十年早く生まれすぎたと思ったり。

自分は天から見放されていると思っている人も、きっといるでしょう。

そういう人に、一人さんは、こう言っています。

「才能がある人が描いた絵を見ると、金持ちなら『面倒を見てあげよう』となるし、それほどお金がない人でも、『めしを食わせてやろう』となる。見た人が、持てる力を出したくなるのが芸術なんです。それは人を感動させたというこうとだから。

今は昔と違って、絵でも展覧会がたくさんあるよね。ところが、展覧会にいくら出しても入選しない、周りの人も見向きもしないということだったら、まず諦めたほうがいい。もちろん、死んでから認められることもあります。でも、それは世界でも少ししかいないんです。

それよりも、あなたが絵を描いていることで、周りに迷惑をかけていないかい？あなたが絵を描き続けることで、家族が泣いているんだったら、それは天を敵に回し、世間を敵に回しているということ。

一人で戦っても、絶対勝てないんです。やめたほうがいい。

人には、人に喜ばれる存在になるという使命があるんです。

たとえばカメラマンでも、『客からこういう写真を撮ってくれと言われたから撮ったけど、なんだか釈然としないんだよね』なんて言ってるやつがいる。

それは人より、自分を喜ばせることに重きをおいているからなんだよね。

人に喜ばれることをすると、天が味方する、世間が味方するの。

ところが、『我』を出して、『僕はこういうのをやりたいんです』と言ったとたんに、天や世間を敵に回すことになる。天と世間を両方敵にまわしたら勝てないよ。

だから、自分の『我』を捨てて、相手が喜ぶことを考えな」

「天は、もうすべてを与えてくれているんだよ」

「このままでは絶対終わらない」と思って、私があんなにつらかったのは、「我」が強かったからだと、今ではわかります。

あのとき、人のことなんか、これっぽっちも考えていなかった。とにかく世間から認められるようになること、目立つこと、そして大金をがっぽり手にすること……そんなことを考えていたように思います。

天や世間を敵に回していたんですから、つらくもなるわけです。

実は、私も、一人さんの弟子になる前は、天から見放されていると思っていました。

でも、一人さんにこう言われて、目が覚めたのです。


「ジュンちゃん、天はずっと前からジュンちゃんのことを可愛がっていたんだよ。

だって、ジュンちゃんは、お年寄りが荷物を持っていたら、代わりにパッと持ってあげられる手もあるよね。

ニコニコ笑顔でいるだけで周りの人が喜ぶとしたら、神様は、顔にニコニコするだけの筋肉も与えてくれているよね。

人に喜んでもらえる言葉を言える口もあるよね。

天はもうすべてをジュンちゃんに与えているんだよ。

あとはジュンちゃんが、それを使うだけなんだよ」

そうなんです。それに気づいたときから、すべては変わりました。おかげで今は、毎日楽しく仕事をして、一人さんから教えてもらったことを伝えて、周りの人にも少しずつ幸せになってもらえるようになりました。

「ジュンちゃん、電球を知ってるよね。電球の周りは暗いけど、少し離れたところを明るく照らすなんていうことはないんだよ。

身近にいる人を幸せにできないのに、その先の人を幸せにできるはずがない。まず、身近な人に喜んでもらうんだよ。

目立とう、有名になろうなんて思わなくていいんだよ。オレたちは商人なんだからね」

油断すると調子にのる、おっちょこちょいのジュンちゃんに一人さんがよく言うことです。

まず、身近な人を喜ばせる。

『まるかん』も、この方式です。自分が飲んでみて、よかったら、身内に勧める、友人に勧める、近所の人に勧める。

そうやっていくうちに、テレビで宣伝などしなくても、商品は自然に売れていきます。

みなさんだって、不思議に思うことがあるでしょう。

「テレビで派手に宣伝しているわけではないのに、斎藤一人さんがいつも高額納税者番付上位になったのは、なぜだろう」と。

それは、こういうわけなんです。人に喜ばれる存在、人に喜ばれる会社になることが、どれだけすごい力をもつか、わかっていただけると思います。

「ありがとう」と口にすると、人の顔も自分の顔も変わってくる

神様は、ニコニコするための顔の筋肉も与えてくれたし、人が喜んでくれる言葉を言う口も与えてくれた。

一人さんのその言葉を実感するのは、一人さんといるときです。

たとえば車に乗って高速道路に入るとき、一人さんは必ず料金所の人に、「ありがとう」と言うんです。

ああいうところって、わりと機械的に券を受け取ったり、お金を払ったりするだけですよね。でも、一人さんは違う。お釣りをもらうために、少し時間がかかるときなんか、

「寒くてたいへんだね」とか、

「細かいのがなくて、ごめんね」とか、話しかけるんです。

最初は「へー」と思いました。だって、私はそんなこと、したことないですもん。「お釣りぐらい、さっさと渡せよ」なんて思うことはあってもね。

その日も、一人さんと出かける用事があって、行きと帰り、同じ料金所を通ったんです。

料金所の人たちは時間で上り車線を担当したり、下り車線を担当したりするんでしょうね。行き、下り車線のブースにいた人が、帰り、上り車線のブースに入っていたらしいんです。こっちは全然気がつきませんでしたけど。

一人さんが「ありがとうね」と、いつものように言うと、料金所の人が、「お客さん、朝もここを通ったでしょう」と、言うんですよ。

一日何千台と車が通るだろうに、一人さんの顔を覚えていたんです。

そのとき、思いました。

「ああ、この人たちは、いつもいつも機械みたいに扱われていて、挨拶されることなんて、ないんだな」

って。だから、挨拶してくれたことが、うれしかったんでしょうね。

でも、考えたら自分たちだって、そうですよね。「こんなことやっても、だれも気がついてくれないだろうな」と思っていたのに、「いつもありがとう」なんて言われると、すごくうれしい。

「見ててくれた人がいるんだ」と思うだけで、やる気になりますよね。

本当に毎日が楽しく、幸せになります！

私も、一人さんを真似て、気がついたら「ありがとう」と言うようにしました。たとえば、パーキングエリアでトイレに行ったとき、トイレ掃除してくれた人を見たら、「いつもありがとうございます。おかげで気持ちよく使えます」とか。

そうすると、言われたほうもうれしいかもしれないけど、言った自分も、「ああ、この人たちがいるから、毎日気持ちよく過ごせるんだな」と、再確認できる。「こうして過ごせるのも、みんなのおかげなんだ。ありがたいなあ」という気持ちに、自然になるんです。

それに、おまけが一つ。

ニコニコして、「ありがとう」と言うようにしていたら、口角が上がってきたんですよ。それまで「への字」口で、黙っていると不機嫌な顔に見えてたのが、黙っていても笑っているような顔になってきた。


顔って、変わるんです！


だから、まず顔にツヤを出して、キラキラしたものを身につけ、天国言葉を口にしましょう。

そして、人に喜ばれることをする、言う。それだけで、本当に毎日が楽しく、幸せになります。

あなたによきことが、なだれのように起こってきますよ。ほんとに。

終わりに

奇跡は、あなたに明日でも訪れます

一人さんと出会ってから、かれこれ二十数年。私の人生は劇的に変わりました。お調子のりで、おっちょこちょいの私が、ここまでになれたのは本当に奇跡。そして、奇跡を起こしたのは、「顔のツヤと、キラキラ光るもの、そして天国言葉」でした。この三つは、まさに私にとって三種の神器。

私だけでなく、すべての人に奇跡を起こす神器なのです。

どういうふうに奇跡的なのかというと、この三つを実行していると、自分の実力以上に運がもたらされるんです。

たいていの人は、本当はもっともっと実力をもっているはずなのに、その半分も発揮されていません。それは運をつかめていないからです。

ところが、顔のツヤをよくして、キラキラ光るものを身につけ、天国言葉を口にするようになると、どんどん運がよくなってくる。

ときには、実力以上に運がよくなることもあるんです。私をはじめ、『まるかん』の社長たちはそうでした。

運がいいときに、その運に見合うような実力をつけようと努力すると、運はさらによくなる。だから、また顔晴《がんば》る。

そんな繰り返しでここまできたような気がします（運がいいときに、それが自分の力だと錯覚して、つい調子にのってしまうと、とんでもないことが起きるんですけどね。私の場合のゴルフ会員権や銀行融資事件がそうでした。幸い、転げ落ちる一歩手前で、一人さんに助けられましたけど）。

自分に起きた奇跡を、大勢の人にも体験してほしい。そう思ったのが本を出す動機です。

「こんなにラクなことで奇跡なんて起こるわけがない」

と、思っている人もいることでしょう。

でも、人は幸せになるために生まれてきたんです。

幸せになるために、つらいことやイヤなことをしなければいけないなんて、おかしいと思いませんか。

うちのお客様の中に八十歳近くの女性がいらっしゃいました。いつも地味な身なりでいらっしゃいます。もちろんブローチも指輪も、アクセサリーはいっさいなし。お顔もなんとなく、暗いんです。

だから、言いました。

「うちのサプリメントを買ってくださるのは、とてもうれしいけれど、もう少し明るい色のお洋服を着て、キラキラ光るアクセサリーをつけたら、もっと素敵になりますよ。幸せになりますよ」

って。そうしたら、その方、とても驚いた顔をされて、

「自分のために、そんな贅沢《ぜいたく》をするなんて」

と、おっしゃるのです。戦争を経験して、子供を何人も育てて、ずっと働きづめでこられた方が、自分のために何百円かのブローチを買うことさえ、ためらわれる。悲しくなりました。

そして、このとき、一人さんの「本物をつけなきゃいけないなんて、金持ちのエゴ

だ」という言葉を思い出したのです。本物じゃなきゃいけないなんていうと、経済的に余裕のない人は、一生運をよくするなんてできません。

働きづめに働いてきた人が、自分を飾ることができないなんて、間違ってますよね。

「絶対ウソじゃないから。だまされたと思って、アクセサリーをつけてください。きっと幸せになれますから」

って、そのおばあちゃんに言いました。

それからは、いつも違うアクセサリーをつけていらっしゃるんですよ。

「きれいなものをつけることが、こんなに楽しいことだと思わなかった」

って。そのおばあちゃん、お嫁さんとうまくいっていなかったそうですけど、自分が楽しくなったら、お嫁さんを悪く言う気もしなくなったって、言っていました。

奇跡は、あなたに明日でも訪れます。

だから、「ツヤとキラキラと天国言葉」を実行してみてください。そして、幸せになりましょう。

幸せになるのは人間の義務なんですから。

ひとりさんからの言葉

あのヒョーキンで明るくていつも人を笑わせていたジュンちゃんが、こんな立派な本を出版するなんて、とても初めて会った時には考えられませんでした。

人の運勢というのはまったくわからないけれど、何となく楽しくてウキウキするものなんですね。

きっとジュンちゃんはウキウキワクワクしながら、困難に挑戦して仕事の成功をつかんだのだと思います。

また、その成功の仕方を、惜しげもなく本に書いてくれたジュンちゃん、バンザイ！

ますますジュンちゃんは幸せになるような気がします。

ひとり

斎藤一人さんの公式ホームページ

http://www.saitouhitori.jp/

一人さんが毎日あなたのために、ついてる言葉を、日替わりで載せてくれています。愛の詩も毎日更新されます。ときには、一人さんからのメッセージも入りますので、ぜひ、遊びにきてください。

お弟子さんたちの楽しい会

♥斎藤一人　大宇宙エネルギーの会 — 会長　柴村恵美子
恵美子社長のブログ　http://ameblo.jp/tuiteru-emiko/
恵美子社長のツイッター　http://twitter.com/shibamura_emiko
PC　http://www.tuiteru-emi.jp/ue/
携帯　http://www.tuiteru-emi.jp/uei/

♥斎藤一人　感謝の会 ——— 会長　遠藤忠夫
http://www.tadao-nobuyuki.com/

♥斎藤一人　天国言葉の会 ——— 会長　舛岡はなゑ
http://www.kirakira-tsuyakohanae.info/

♥斎藤一人　人の幸せを願う会 ——— 会長　宇野信行
http://www.tadao-nobuyuki.com/

♥斎藤一人　楽しい仁義の会 ——— 会長　宮本真由美
http://www.lovelymayumi.info/

♥斎藤一人　今日はいい日だの会 ——— 会長　千葉純一
http://www.chibatai.jp/

♥斎藤一人　ほめ道 ——— 家元　みっちゃん先生
http://www.hitorisantominnagaiku.info/

♥斎藤一人　今日一日奉仕のつもりで働く会 – 会長　芦川勝代
http://www.maachan.com

一人さんよりお知らせ

今度、私のお姉さんが千葉で「一人さんファンの集まるお店」（入場料500円）というのを始めました。

コーヒー無料でおかわり自由、おいしい“すいとん”も無料で食べられますよ。

もちろん、食べ物の持ち込みも歓迎ですよ。

みんなで楽しく、一日を過ごせるお店を目指しています。

とてもやさしいお姉さんですから、ぜひ、遊びに行って下さい。

行き方：JR千葉駅から総武本線・成東駅下車、徒歩7分
住所：千葉県山武市和田353-2　**電話**：0475-82-4426
定休日：月・金
営業時間：午前10時〜午後4時

一人さんファンの集まるお店

全国から一人さんファンの集まるお店があります。みんな一人さんの本の話をしたり、CDの話をしたりして楽しいときを過ごしています。近くまで来たら、ぜひ、遊びに来て下さい。ただし、申し訳ありませんが一人さんの本を読むか、CDを聞いてファンになった人しか入れません。

住所：東京都江戸川区松島3-6-2　**電話**：03-3654-4949
営業時間：朝10時から夜6時まで。年中無休。

各地の一人さんスポット

ひとりさん観音：瑞宝山　総林寺
北海道河東郡上士幌町字上士幌東4線247番地　☎01564-2-2523
ついてる鳥居：最上三十三観音第二番　山寺千手院
山形県山形市大字山寺4753　☎023-695-2845

観音様までの楽しいマップ

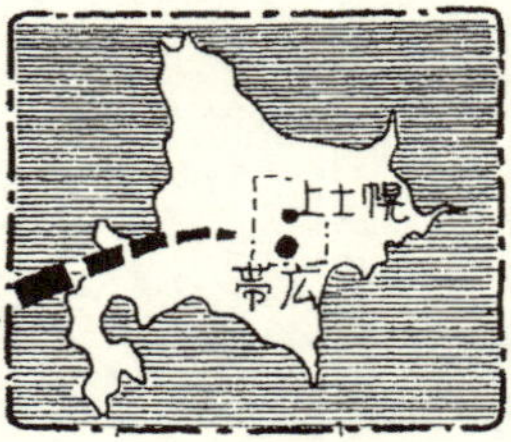

① 愛国⟷幸福駅

『愛の国から幸福へ』この切符を
手にすると幸せを手にするといわれ
スゴイ人気です。ここでとれるじゃがいも
野菜・etcは幸せを呼ぶ食物かも!!
特にとうもろこしのとれる季節には、
もぎたてをその場で茹でて売っている
こともあり、あまりのおいしさに
幸せを感じちゃいます。

② 十勝ワイン（池田駅）

ひとりさんは、ワイン通といわれています
そのひとりさんが大好きな十勝ワイン
を売っている十勝ワイン城があります
★十勝はあずきが有名で『赤い宝石』
と呼ばれています。

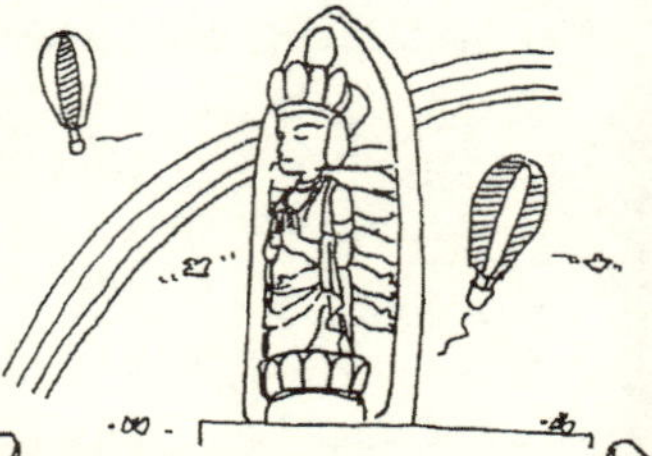

★観音様

ひとりさんの寄付により、夜になると
ライトアップして、観音様がオレンジ色
に浮かびあがり、幻想的です。
この観音様は、一人さんの弟子の1人
である柴村恵美子さんが建立しました。

③ 上士幌

上士幌町は柴村恵美子が生まれた町。
そしてバルーンの町で有名です。8月
上旬になると、全国からバルーンミスト
が大集合。様々な競技に腕を競い
合います。体験試乗もできます。
ひとりさんが安全に楽しく気球
に乗れるようにと願いを込めて
観音様の手に気球をのせています。

④ ナイタイ高原

ナイタイ高原は、日本一広く大きい牧場
です。牛や馬、そして羊もたくさんいちゃうのヨ。
そこから見渡す景色は雄大で感動!!
の一言です。ひとりさんも好きなこの場所
は行ってみる価置あり。
牧場の一番てっぺんにはロッジがあり
ます（レストラン有）。そこで、ジンギスカン
焼肉・バーベキューをしながらビールを
飲むとオイシイヨ!!とってもハッピーになれ
ちゃいます。それにソフトクリームがメーチャ
オイシイ。2ケはいけちゃいますヨ。

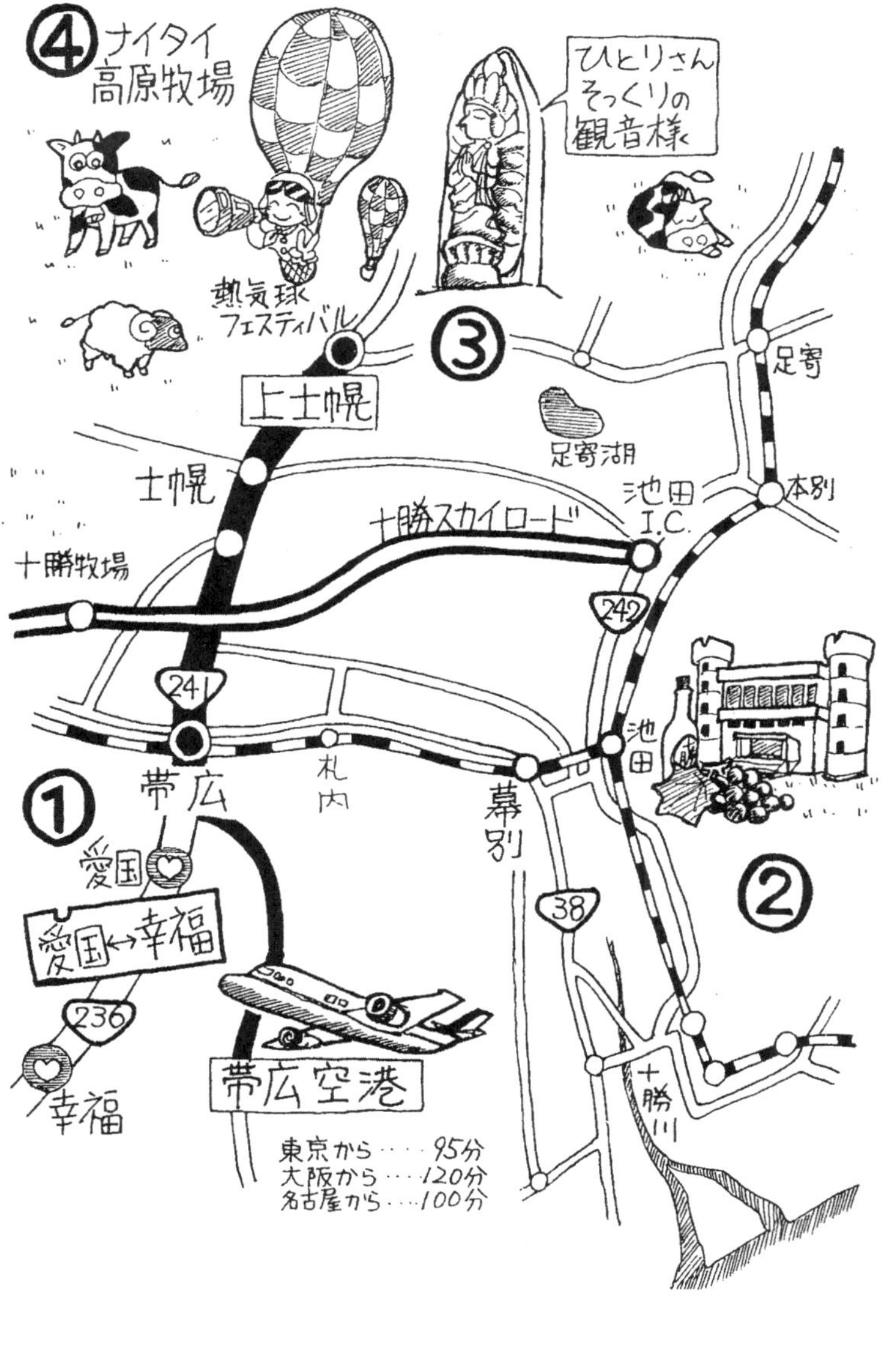
④ナイタイ高原牧場
熱気球フェスティバル
ひとりさんそっくりの観音様
③
上士幌
足寄
足寄湖
士幌
池田I.C.
本別
十勝スカイロード
十勝牧場
242
241
池田
帯広
札内
幕別
①
②
愛国
愛国↔幸福
236
幸福
38
十勝川
帯広空港
東京から……95分
大阪から……120分
名古屋から……100分

千葉県にひとりさん観音が…できましたよ!!

合格祈願にぜひどうぞ!!

ひとりさんが親しくさせていただいている蔵元・寺田本家の中に、ご好意で『ひとりさん観音』をたててくれました。

朝8時から夕方5時までお参りできますよ。

近くまできたら、たずねて下さいね。

合格祈願・家内安全・良縁祈願・恋愛成就に最適ですよ。

お賽銭はいりませんよ。

住所：千葉県香取郡神崎町神崎本宿1964
電話：0478(72)2221

観音参りした人だけ買えるお酒〔4合びん/1522円(税込)〕です。

ひとりさんの楽しいドライブコース

成田インターでおりて

―20分→ 滑河観音 ―10分→ 蔵元・寺田本家

―5分→ 喫茶「ゆうゆう」―20分→ 香取神宮

―5分→ 香取インターで高速にのる

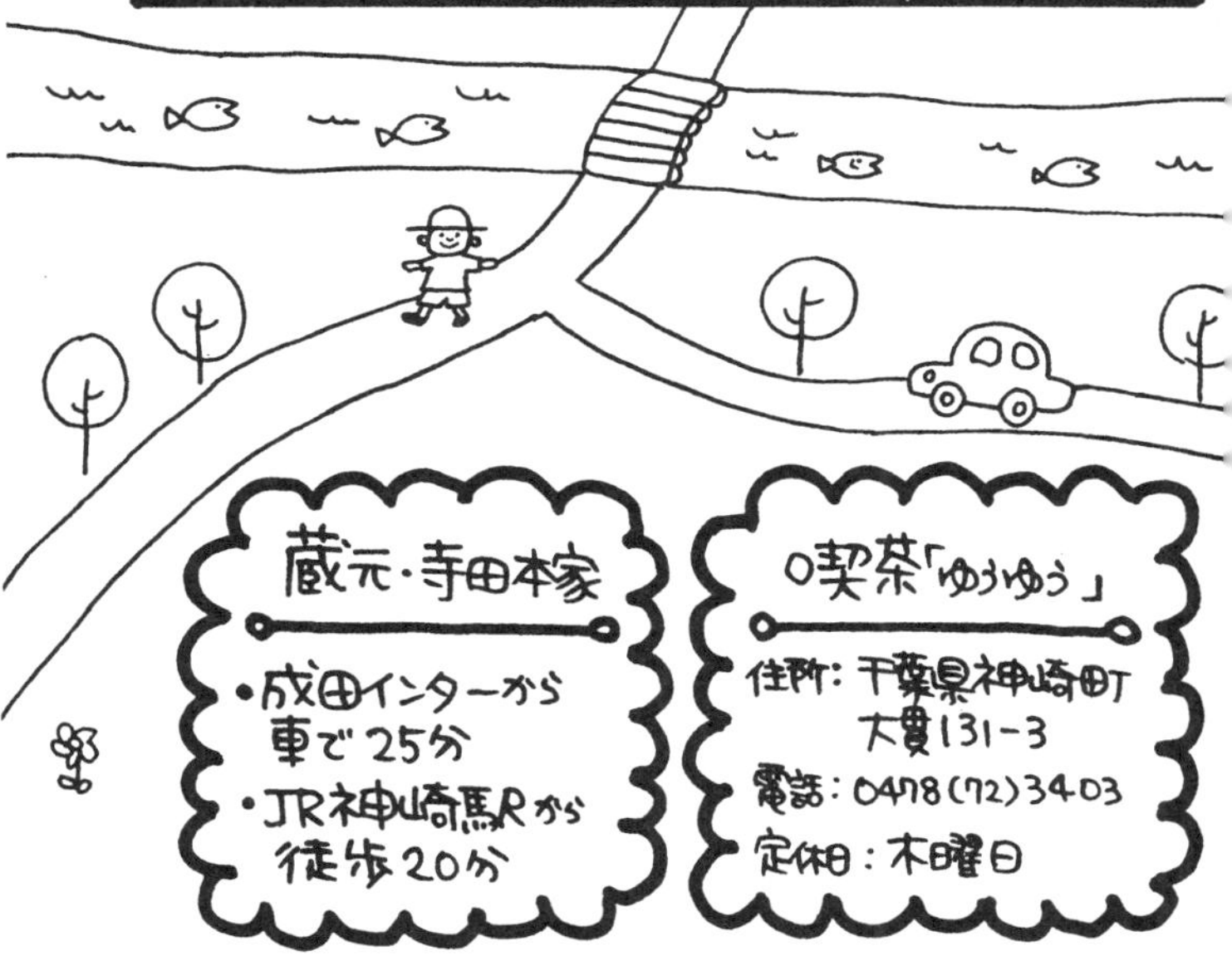

蔵元・寺田本家

- 成田インターから車で25分
- JR神崎駅から徒歩20分

喫茶「ゆうゆう」

住所：千葉県神崎町大貫131−3

電話：0478(72)3403

定休日：木曜日

『斎藤一人流　すべてうまくいくそうじ力』

舛岡はなゑ 著

（ＫＫロングセラーズ刊　一六〇〇円＋税）

いらないモノ、はなゑちゃん、山ほどためてるだろ。
それ全部、捨てな。
つべこべいってないで、とっとと捨てな、って――。
ちょっとでも捨てだすと、それだけでも
人生、違ってくるから。

斎藤一人

〈CD・DVD付〉

『斎藤一人　すべてがうまくいく上気元の魔法』

斎藤一人著　（KKロングセラーズ刊　一五〇〇円+税）

私は「上気元の奇跡」をずっと起こしてきたんです。
生涯納税額日本一になれたのも、いつも「上気元」でいたから
「上気元の奇跡」が起きたんだと思うんです。
私は、これからもずっと「上気元」でいます。
このことを知ってしまうと、もったいなくて、もう不機嫌にはなれません。

斎藤一人

〈CD付〉

『斎藤一人　奇跡連発　百戦百勝』

（ＫＫロングセラーズ刊　一五〇〇円＋税）

舛岡はなゑ　著

わたしにとって一番の、最大の謎は、わが師匠・斎藤一人さん。

出会った当初から一人さんは不思議な人だったけれど、弟子になって長い間ずっとそばにいてもなお一人さんは謎のかたまりで、ホントにとっても不思議な人です。

それも、ただの不思議じゃない、そんじょそこらの代物とは全然まったく違う。

わたしは、そのことを、どうしてもいいたくて、いいたくて、しょうがありませんでした。

この際、思いっきり一人さんの不思議なことを書いちゃおう！

そう決定した次第です。

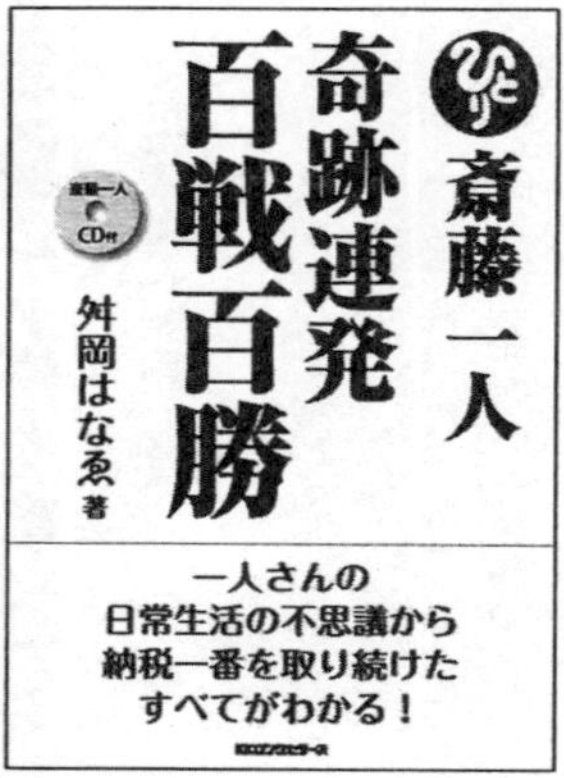

〈CD付〉

『斎藤一人　こんな簡単なことで最高の幸せがやってくる』

一人さんのお姉さん著

（ＫＫロングセラーズ刊　一四〇〇円＋税）


私は千葉の成東という町で、「一人さんファンの集まる店」を始めました。

いま、私は、いままでの人生の中で、最高に幸せです。

毎日、たくさんの人とお話したり、笑ったり。

お店に来てくださる方々から、

「一人さんって子どもの頃、どんなお子さんだったのですか？」

「お姉さんは、いままでどんな人生を歩んできたんですか？」

と質問されることがよくありました。

そこで、私なりに、いままでの人生をふりかえってみようと思いました。

この本を書くことで、我が弟、斎藤一人さんと、私の歩んできた人生を、少しでも伝えられたら嬉しいです。

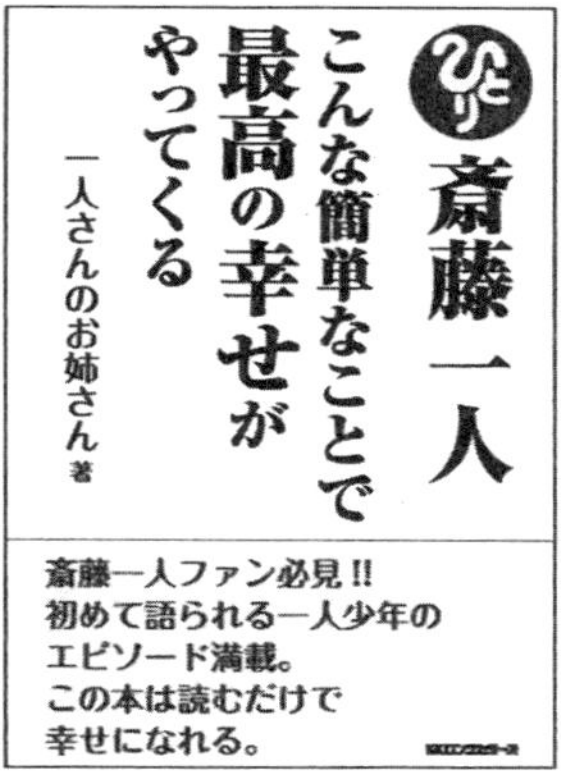

『斎藤一人　成功脳』

斎藤一人著　（KKロングセラーズ刊　一四〇〇円＋税）

本来、自分に自信のない人は、

「オレにはできないけど、脳にはできる！」

そう言っていればいいんです。

一人さんのお弟子さんたちも、最初はみんなね、「私たち、社長になれるかしら？」って言ってたんです。

だからオレは、

「なれる。あなたにはできないけど、あなたの脳にはできる！」

そう言ってたら、ホントに全員社長になれました。

だからね、何か商売していて大変でもね、

「オレにはできないけど、脳にはできる！」

そう言い続けてください。

斎藤一人

〈CD付〉

『斎藤一人　愛される人生』

斎藤一人著　（ＫＫロングセラーズ刊　一六〇〇円＋税）

人は愛することも大切だけど、愛される人生を送ることがとても大切。

愛するだけならストーカーでもできるけど、愛される人生を送るには、愛されるような行為が必要。

これからは、愛される人生がしあわせのキーワード。

斎藤一人

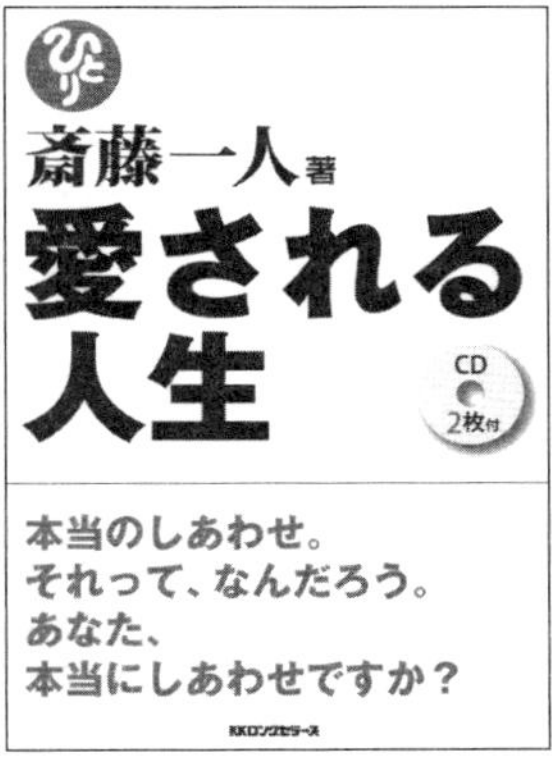

〈CD2枚付〉

『斎藤一人　絶好調』

斎藤一人著

（ＫＫロングセラーズ刊　一五〇〇円＋税）

この本は、グランドプリンスホテル「飛天の間」で、パーティーを開いたとき、話したものです。当日は、「飛天」始まって以来の大盛況で、会場に入りきれない人が何百人と出たほどのにぎわいでした。

講演の内容は、お弟子さんたちの「斎藤一人さんの教え」と、私の「幸せのなり方」「病気の治し方」「霊の落とし方」「仕事の話」「人生はドラマだ」と、盛りだくさんです。

この話は、私がみなさんにどうしても伝えたい内容です。

ぜひ、何度も、読んで（聞いて）ください。

一生、あなたのお役に立つと確信しています。

斎藤一人

〈CD2枚付〉

『斎藤一人　幸せの道』

斎藤一人著

（ＫＫロングセラーズ刊　一五〇〇円＋税）

遠くに幸せを求めないでください。
遠くに幸せを求めると、
ほとんどの人が行き着きません。
苦しくなるだけです。
それより、
今の自分の幸せに気がついてください。

斎藤一人

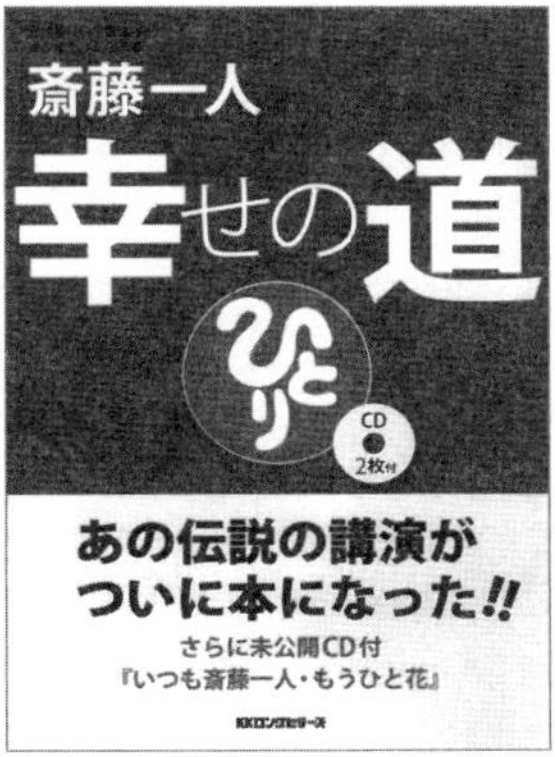

〈CD2枚付〉

『斎藤一人おすすめ　明日に向かって』

福田 博著

（ＫＫロングセラーズ刊　一四〇〇円＋税）

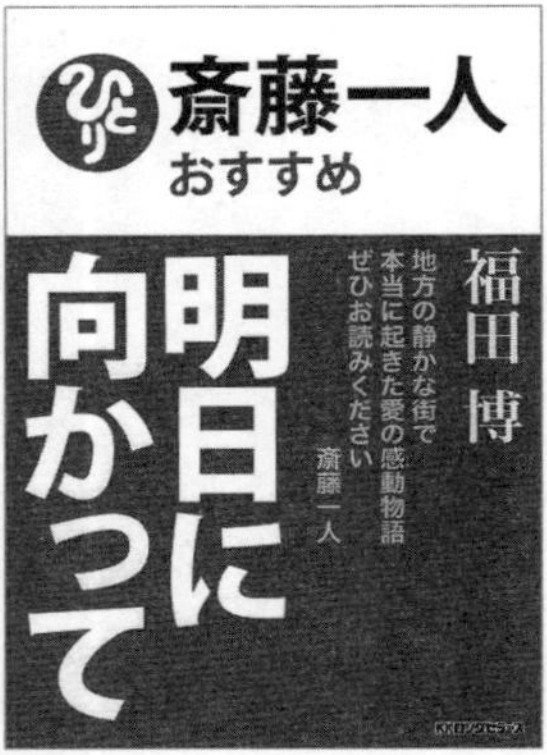

私が地方のある街を歩いていると、やっているかいないかわからないような喫茶店がありました。

その店を見たとき、私はどうしてもこの店に入らなければいけないという気持ちにさせられました。しかし、店の中に入ると、そこには誰もおらず、大きな声で「すいませーん、こんにちは」と、何度叫んでも、誰一人出てきません。

五分ぐらいすると、店のマスターらしき男性が現れ、だまってコーヒーをたててくれました。「お客さんは、旅の人ですね」と言ったあと、語り始めた衝撃の物語に、私は強く心をうたれました。

あなたも、ぜひ、この物語をご覧ください。

斎藤一人

『斎藤一人　大宇宙エネルギー療法 感動物語』

柴村恵美子著

（ＫＫロングセラーズ刊　一五〇〇円＋税）


恵美子さん、出版おめでとうございます。

本当にステキな本ができましたね。

恵美子さんが無償の愛のボランティアで、エネルギー療法を広めてくれていることは、普段からとても感謝しています。

こういう本を書くと、宗教と間違えられたり、霊感商法と誤解されることもあるのに、勇気を持って出版してくれた恵美子さんに、心から感謝します。

　そして、多くの体験談を寄せてくれた皆様にも、心から感謝いたします。

　また、今も忙しい中、ボランティアでエネルギー療法をしてくださっている全国の療法師の皆様に、心から感謝いたします。

　こんなステキな人達に出逢わせてくれた神様に、心から感謝いたします。

斎藤一人

〈CD付〉

『斎藤一人　笑って歩こう無敵の人生』

芦川政夫著　（ＫＫロングセラーズ刊　一四〇〇円＋税）

私の人生はまったくツイていませんでした。
そんな私が一人さんと出会って、変わったのです。
幸せになれたのです。
この本を読んでくださる方が、幸せになれないわけがありません。
あれだけツイていなかった私が言うんだから、間違いないのです。

芦川政夫

〈ＣＤ付〉

『斎藤一人　愛は勝つ』
大信田洋子著
（ＫＫロングセラーズ刊　一五〇〇円＋税）

こんなに、すごい人たちが、
まるかんを支え、
私を支えてくれているんだ、
と、思っただけで、胸が熱くなります。
この人たちを、私のもとへ連れてきてくれた
神さまに、心から感謝します。

斎藤一人

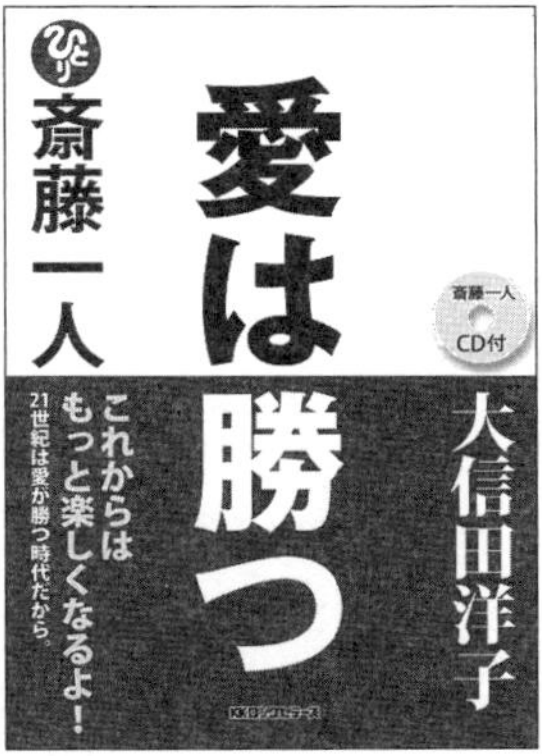

〈CD付〉

『斎藤一人　天使の翼』

芦川裕子著　（ＫＫロングセラーズ刊　一五〇〇円＋税）

　この本は、心が凍りつくような体験から内に閉じこもってしまった少女が、天使の翼を得て最高の喜び・しあわせを得るまでのドキュメントです。

　やわらかな春の日差しを連れた「ある人物」が、突如として、少女の目の前に現れ、凍った心をあたためてゆきました。

　あの、ぬくもりが、あなたの心にも伝わりますように。

　世の中全体が、やさしい春の陽光に包まれますように。

そう念じつつ、私と斎藤一人さんとの出会いから
その後の出来事、そして、
一人さんからいただいた素晴らしい魂再生の法を
お話させていただきます。

芦川裕子

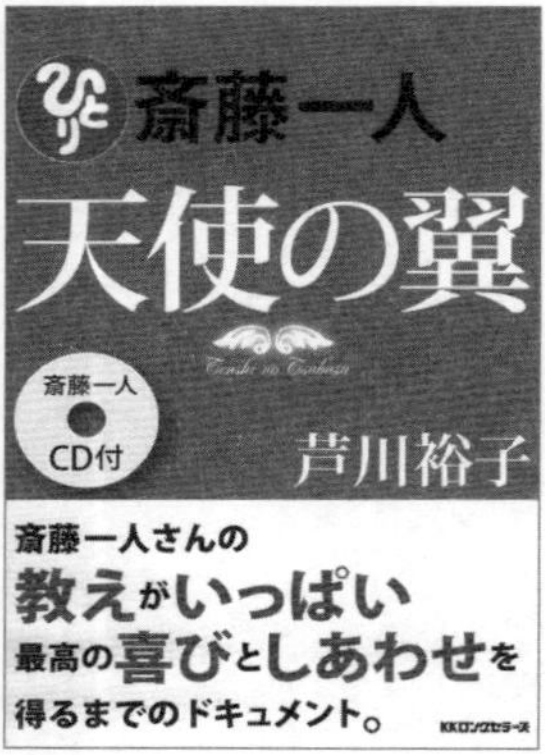

〈ＣＤ付〉

『斎藤一人　この不況で損する人　この不況で得する人』

斎藤一人　著

（ＫＫロングセラーズ刊　一五〇〇円＋税）


私は商人なんですけれど、ふだんは、あまり経済の話をしないんです。

お弟子さんたちに話すことの大半は、しあわせのこと、魂的なことなのですが、ふと、

「あ、これは教えておかないといけないな」

と思って、経済のことを話す機会がたまにあります。

二〇〇九年が明けたときも、私はそう思って、お弟子さんたちをはじめ、まるかんの人たちに、

「日本と世界の経済は、これから、こうなりますよ。だから、こういうことをするといいよ」

という話をしました。

その録音ＭＤを活字に書き起こしたのが本書です。

学生さん、主婦の方、定年退職した方にとっても、もちろん、仕事をしている方にとっても、役に立ついい話だと、私自身は思っています。

ただし、この本に書いてあることを信じるかどうかは、あなたの自由です。

どうぞ肩の力を抜いて、気楽にページをめくってみてください。

斎藤一人

〈ＣＤ付〉

『斎藤一人 大宇宙エネルギー療法』

柴村恵美子 著

（KKロングセラーズ刊　一五〇〇円＋税）

一人さんが教えてくれた秘伝の癒しの療法

「この宇宙には癒しの波動があります。無償の愛からなるエネルギーがあるんです。この宇宙エネルギーをもらうと、人は元気になる。心もからだも健康でいられるんだ。人間には、元々そういう力が備わっている。やり方を知ると、誰でもできるんです」

◎遠隔で宇宙エネルギーを送ってもらったら
　耳の痛みが消えた！　寝込んだ人が起きあがった！
◎子どもの頃のトラウマをひきずって子育てをしていた私
　今、私たち親子は幸せです
◎脳卒中で片マヒの私を救ってくれた大宇宙エネルギー療法
◎借金苦、夫の「うつ」、息子の家出etc
　一家離散の危機から救ってくれた大宇宙エネルギー療法

〈CD付〉

『斎藤一人絵本集1　こうていペンギンはなぜ生きのこったか!?』

作／斎藤一人・絵／宮本真由美

（KKロングセラーズ刊　一〇〇〇円＋税）

いつも明るく元気で肯定的な〝こうていペンギンくん〟。
いつもグチや悪口や文句ばかり言っている〝ひていペンギンくん〟。
さて、幸せなペンギン王国を作ったのはどちらでしょうか。

〈CD付・親子関係の悩みについて〉

『斎藤一人　成功する人くさる人』

（ＫＫロングセラーズ刊一四〇〇円＋税）

「寺田本家」23代目当主　寺田啓佐　著

世の中にこんなに不思議なことがあるとは……

斎藤一人

一人さんが教えてくれた

〝人生の成功法則〟

それは、あたかも蔵つきの微生物が独りでにはたらいて酒を醸すがごとく、目に見えない不思議な力、他力でもって自分の実力以上の成功が醸し出されていくものです。

『斎藤一人　天才の謎』

遠藤忠夫 著

（ＫＫロングセラーズ刊　一三〇〇円＋税）

出版おめでとうございます。

私のお弟子さんの中でいちばん最後の出版になってしまいましたけれど、いつも「私がいちばん最後でいいですよ」と言って、みんなを先に行かせてあげた忠夫ちゃんの気持ちが天に通じたような、いい本ができあがりましたね。

一人さんも本当にうれしいです。

これからも長いつきあいになると思います。

よろしくお願いします。

斎藤一人

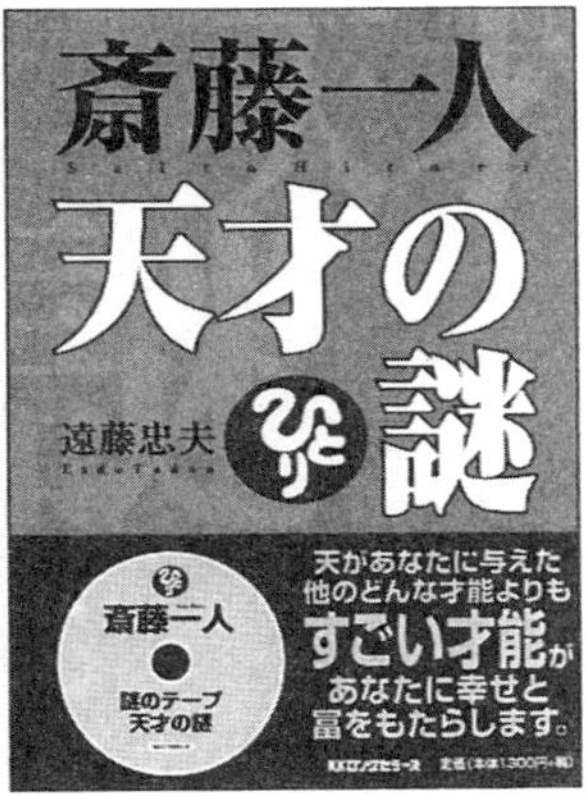

〈ＣＤ付〉

『斎藤一人　億万長者論』

宮本真由美 著

（KKロングセラーズ刊　一四〇〇円＋税）

真由美ちゃん、出版おめでとうございます。
真由美ちゃんらしい、明るく楽しい本になりましたね。
身近な話題が、読んだ人に次々と奇跡を起こしそうですね。
本当に、楽しい本をありがとうございます。

斎藤一人

〈CD2枚付〉

『斎藤一人　黄金《おうごん》の鎖《くさり》』

宇野信行 著

（KKロングセラーズ刊　一三〇〇円＋税）

いつもやさしく、ニコニコしているのぶちゃんが、こんな素敵な本を出してくれたことを、とてもうれしく思います。

この本を読んだ人たちは、のぶちゃんから勇気をもらって、「幸せだ、幸せだ」と言いながら毎日楽しく歩いてくれますね。

そして、幸せを手に入れて喜んでいる顔が目にうかびます。

のぶちゃん、ほんとうにいい本をありがとうございます。

斎藤一人

〈CD付〉

斎藤一人さんのプロフィール

斎藤一人さんは、銀座まるかん創設者で納税額日本一の実業家として知られています。

1993年から、納税額12年間連続ベスト10という日本新記録を打ち立て、累計納税額も、発表を終えた2004年までで、前人未到の合計173億円をおさめ、これも日本一です。

土地売却や株式公開などによる高額納税者が多い中、納税額はすべて事業所得によるものという異色の存在として注目されています。土地・株式によるものを除けば、毎年、納税額日本一です。

１９９３年分――第４位	１９９９年分――第５位
１９９４年分――第５位	２０００年分――第５位
１９９５年分――第３位	２００１年分――第６位
１９９６年分――第３位	２００２年分――第２位
１９９７年分――第１位	２００３年分――第１位
１９９８年分――第３位	２００４年分――第４位

また斎藤一人さんは、著作家としても、心の楽しさと、経済的豊かさを両立させるための著書を、何冊も出版されています。主な著書に『絶好調』、『幸せの道』、『地球が天国になる話』（当社刊）、『変な人が書いた成功法則』（総合法令）、『眼力』、『微差力』（サンマーク出版）、『千年たってもいい話』（マキノ出版）などがあります。その他、多数すべてベストセラーになっています。

《ホームページ》http://www.saitouhitori.jp/
一人さんが毎日あなたのために、ついてる言葉を、日替わりで載せてくれています。ときには、一人さんからのメッセージも入りますので、ぜひ遊びにきてください。

〈編集部注〉
読者の皆さまから、「一人さんの手がけた商品を取り扱いたいが、どこに資料請求していいかわかりません」という問合せが多数寄せられていますので、以下の資料請求先をお知らせしておきます。

フリーダイヤル 0120-497-285

斎藤一人 だれでも歩けるついてる人生

著　者　千葉純一
発行者　真船美保子
発行所　KK ロングセラーズ
東京都新宿区高田馬場 2-1-2　〒 169-0075
電話 (03) 3204-5161(代)　振替 00120-7-145737
http://www.kklong.co.jp

印　刷　太陽印刷工業(株)　製　本　(株)難波製本
落丁・乱丁はお取り替えいたします。
※定価と発行日はカバーに表示してあります。

ISBN978-4-8454-0918-1　C0270　Printed In Japan 2012